갑의 횡포, 을의 일터

갑과 을은 어떻게 재생산되는가?

갑의 횡포, 을의 일터

갑과 을은 어떻게 재생산되는가?

초판 1쇄 인쇄 | 2018년 1월 15일
초판 1쇄 발행 | 2018년 1월 29일

지은이 양정호
책임편집 손성실
편집 조성우
마케팅 이동준
디자인 권월화
일러스트 신병근
용지 월드페이퍼
제작 성광인쇄(주)
펴낸곳 생각비행
등록일 2010년 3월 29일 | 등록번호 제2010-000092호
주소 서울시 마포구 월드컵북로 132, 402호
전화 02) 3141-0485
팩스 02) 3141-0486
이메일 ideas0419@hanmail.net
블로그 www.ideas0419.com

갑의 횡포, 을의 일터

갑과 을은 어떻게 재생산되는가?

양정호 지음

생각비행

하청사회를 유지하는 보이지 않는 힘을 찾아서

지식은 어떻게 지대가 되는가

프랑스의 정치철학자이자 역사가였던 토크빌Alexis de Tocqueville 은 1831년 미국의 교정(감옥) 시설을 연구하는 명분으로 미국 을 여행하게 된다. 9개월 동안 미국을 살펴본 후 프랑스로 돌 아와 저술한 책이 익히 알려진 《미국의 민주주의》이다. 토크 빌은 1835년과 1840년, 5년 간격으로 1권과 2권을 출간했다. 1권에서는 미국의 정치, 사회 제도를 분석하여 민주주의의 특 성을 찾으려 했으며, 2권에서는 민주주의적인 지성, 감정, 관 습이 미국 사회에 초래한 변화와 영향력에 주목했다.

독일, 일본과는 다르게 프랑스 국민은 국가의 권위에 쉽게 순응하지 않는다. 그렇기에 혁명이 자주 일어나고 국민과 국 가는 늘 긴장 관계를 유지하고 있다. 귀족 사회에서 민주주의 사회로 넘어가는 과도기를 경험한 토크빌로서는 신생국인 미 국의 민주주의를 유심히 살필 수밖에 없었을 것이다. 이 때문에 다수의 횡포를 다루는 법과 관련해 미국의 행정이 중앙집권화되지 않은 점(지방자치), 사법관이 민주주의의 형평성을 유지해준다는 점(행정권과 사법권의 견제), 배심원 제도(사법권에 대한 주민의 참여, 국민참여제) 등을 거론한다. 간접적인 요소로는 법률, 관습, 교육과 자연환경을 꼽았고, 언론의 자유, 정치 결사, 지도자 선출의 장점 등도 아울러 소개한다.

이쯤에서 토크빌의 《미국의 민주주의》라는 책 이야기를 꺼낸 이유를 설명해야겠다. 유럽 귀족 가문의 후예이자 지성계의 거물이기도 했던 토크빌이 외국의 선진 문물에 관심을 기울이고 미국까지 가서 새로운 지식을 배워 돌아오는 일련의 행위는 자국에서 더 나은 삶의 토대로 작용하게 된다. 나는 그 토대가 바로 '지대'rent라고 생각한다. 토크빌은 미국의 민주주의를 관찰하고 이로부터 무엇을 배울 수 있을까 고민한 결과를 프랑스 국민에게 책을 통해 소개했다. 정치, 경제, 사회, 문화 등 모든 측면의 민주화 경향이 거부할 수 없는 역사의 대세라는 점을 피력한 것이다. 나는 이와 같은 지식 도입 과정이 우리나라 근현대 지식 수용 과정과 다르지 않다고 본다. 선진 문물에 대한 동경과 외국(특히 미국)의 학문과 지식을 들여오는 자들이 그들만의 '지대'를 우리 사회에서 형성하고 있음을 지직하고 싶다.

강준만 교수는 〈왜 한국인은 자국의 경험을 배우지 않나?〉라는 글을 통해 선진국을 향한 우리 사회의 무조건적인 로망에 대하여 직설적이고 노골적인 비판을 표현했다. "늘 '반만년' 역사를 자랑스럽게 생각하도록 훈련은 받았지만, 한국인들은 그 역사에 '승리와 정복'이 없는 건 물론 당하고만 살아온 기록이 넘쳐나는 것에 대해 지긋지긋하게 생각한다. 그래서 일부는 고구려와 그 이전의 역사에만 심취하고 일부는 서양과 중국의 역사 쪽으로 달려간다. 웬 '로마인 이야기'와 '삼국지'는 그리도 좋아하는지! 특히 수난과 시련으로 점철된 한국 근현대사는 우울하다는 이유로 적극 외면한다. 그 결과는 무엇인가. 한국인은 자국의 경험에서 무언가 배우려 하지 않는다. 늘 밖만 쳐다본다. 미국으로 갔다가 프랑스로 달려가고 네덜란드로 갔다가 스웨덴도 기웃거린다. 웬 모델은 그리도 많이 수입하는지 어지러울 정도다. 한국과 비슷한 수준의 나라엔 눈길도 주지 않는다. 자기보다 좀 못하다 싶으면 노골적으로 얕잡아 본다"고 말이다.•

• 강준만, 〈왜 한국인은 자국의 경험을 배우지 않나?〉, 《대자보》, 2009년 11월 23일.

우리는 언제부터인가 우리보다 강한 나라라고 생각되는 국가의 문물을 먼저 접하는 사람을 떠받드는 습성이 생겨버렸다. 이 때문에 일군의 유학파가 '학벌'이라는 탄탄한 지대 위에 군림하게 된다. 혈연과 지연에 기초한 연고주의는 시대의 변화에 따라 갈수록 희미해지고 있지만, 학벌은 취업과 사회적 성취에 지대한 영향을 끼치는 새로운 '지대'로 자리 잡고 있다.

'지대'란 좁게는 토지 사용에 대한 대가를 의미하는 용어이지만, 넓게는 토지뿐 아니라 어떤 생산요소든 공급이 고정되어 있을 때 그것에 대해 지급되는 보수를 통칭하는 개념이기도 하다. 세입자가 건물주에게 매달 내는 월세 역시 일종의 지대인 것이다. 건물주는 단지 건물을 소유하고 있다는 사실만으로 일하지 않고도 고정적인 이익을 거둔다. 이 때문에 사람들은 돈을 모아 건물주가 되고자 고군분투한다. 건물을 소유한 부모를 만난 이른바 '금수저'들은 별다른 노력 없이도 우리 사회에서 성공을 거머쥘 수 있다. 그야말로 '지대'가 주는 풍요 속에 태어난 것이다.

사회학습적 지대추구행위

이 책에서 나는 '지대추구행위'와 '외주화'를 하청사회를 떠받치는 두 개의 기둥으로 소개한다. 여기서 간략히 지대추구 행위가 우리 사회에 끼치는 문제점을 소개하고자 한다. 우선 사회학습적 지대추구 개념부터 정리하겠다. 첫째, 지대는 유형(땅, 건물)에서 무형(인지도, 기득권 등)으로 확장되는 경향을 보인다. 지대추구행위는 집단이나 세력에서 일반 개인으로 확산된다. 이를 사회학습적 지대추구라고 할 수 있다. 둘째, 사회학습적 지대추구의 주체는 인지도(또는 기득권)의 수준이 높은 상태에 있는 세력 또는 개인이다. 셋째, 사회학습적 지대추구자는 전문 영역에서 비전문 영역으로 세를 확장하려는 습성이 있다. 넷째, 사회학습적 지대추구자는 새롭게 진출하려는 영역의 전문가가 아닐 뿐더러 정당한 노력이나 기여 없이 새로운 영역에 안착하려 한다.

이런 관점으로 2016년 5월 19일에 발생한 한 사건을 살펴보고자 한다. 종합편성채널 'O tvN'의 토크쇼 프로그램인 〈어쩌다 어른〉이 방영된 날이었다. 유명강사 최진기가 '어른들의 인문학! 조선 미술을 만나다'라는 주제로 강연하는 모습이 전파를 탔다. 그는 입시학원에서 흩어져 있는 지식을 모으고 정리하여 시험에 잘 나오는 패턴으로 알기 쉽게 요약해주는 능력으로 학생들 사이에서 큰 인기를 누린 성공한 강사였다. 강사가 갖춰야 할 가장 큰 덕목(?)인 말발도 좋고 자신감마저 충만한 사람이었다. 종편 JTBC의 〈비정상회담〉〈썰전〉〈김제동의 톡투유-걱정 말아요 그대〉 같은 프로그램에 출연하여 사회과학과 인문학을 접목한 지식을 전파하는 모습을 보여주면서 '최진기'라는 이름 석 자를 대중에게 각인시켰다.

문제의 사건은 2016년 5월 19일, 최진기가 조선시대 화가 오원 장승업의 그림을 설명하는 대목에서 발생했다. 문제를 제기한 사람은 한국미술사 연구자인 황정수였다. 그는 최진기가 오원 장승업의 작품이라면서 소개한 그림 중 일부가 실제로는 장승업의 그림이 아니라고 밝혔다. 최진기가 "이중섭이 연상 된다" "이것이 진짜 조선화"라며 극찬한 〈군마도〉는 장승업의 작품이 아니라 "현대 동양화가 이모 교수의 그림으로 서울 어느 대학을 퇴직해 아직 생존해 있다"고 지적하면서 "인기 있는 방송사에서 하는 강의에서 이런 사고가 일어날 수 있는지 어안이 벙벙했다"라고 개탄했다. 이어 정조, 심사정이 그린 파초 그림과 장승업의 그림을 나란히 두고는 "정조는 그림 실력은 별로였다" "나쁜 그림은 아니지만 장승업만은 못하다"라는 최진기의 평가에 대해 황정수는 "정조나 심사정은 그렇게 쉽게 말할 수 있는 화가들이 아니"라고 비판했다. 더구나 최진기가 장승업의 〈파초〉라고 소개했던 그림 역시 장승업이 그린 그림이 아니라 장승업의 일대기를 소재로 한 영화 〈취화선〉에 등장한 그림이라고 주장하여 문제가 되었다.●

　최진기의 강의에 대한 황정수의 문제 제기는 전문가의 지식에 대한 지적인 지적이라고 할 수 있다. 그도 그럴 것이 황정수는 우연히 본 방송에서 잘못된 내용이 전달되는 모습을 보고 황당해했다고 한다. 그는 당연히 다음 날 난리가 날 줄 알았는데 잠잠하기에 잘못된 내용을 바로잡기 위해 글을 썼다고 밝혔다. 황정수의 글이 게재된 한국미술정보개발원의 윤철규 대표는 "미술을 전공하지도 않은 사람이 자신이 알고 있는 내용이 다 맞다는 듯 강연하는 건 맞지 않다고 생각한다"면서 이를 "제대로 확인하지 않고 내보낸 방송국도 문제"가 있다는 지적을 빼놓지 않았다."●●

　황정수는 한국미술정보개발원 홈페이지에 올린 글에서 그간 많은 한국미술 강의가 있었지만 이런 참사는 보지 못했다고 밝혔다. 그런데 놀라운 점은 문제의 강의 동영상이 조선시대의 미술을 알기 쉽게 소개하는 '명강의'로 여러 포털 사이트

● ●● 김윤정, 〈스타강사 최진기의 "장승업 오류" 어떻게 나왔나〉, 《오마이스타》, 2016년 6월 8일.

에 소개되어 미술에 관심 있는 이들로부터 환호를 받고 있었다는 사실이다. 황정수는 인문학 강의는 오랜 연구를 거듭하여 학문이 곰삭은 전문 연구가를 필요로 한다고 하면서 깊은 학문의 축적에서 나오는 향기가 우리의 삶에 뿌려질 때, 우리의 삶이 더욱 풍요로워질 수 있을 것이라는 내용으로 문제 제기의 글을 마무리했다.

유명강사 최진기의 잘못된 강의를 단순한 해프닝으로 볼 수도 있다. 하지만 내가 지적하고자 하는 지점은 자신의 전문 영역에서 구축한 지대의 이점을 이용하여 비전문 분야에서 전문가 행세를 하려다가 망신을 크게 당한 사건이라는 사실이다. 이와 유사한 사건이 우리 사회에 또 있었다. 최진기 사건에 앞서 가수 조영남의 화투 그림 대작 사건이 벌어진 것이다.

2016년 5월 17일 TV조선 뉴스에 조영남 화투 그림이 무명화가가 대신 그려준 작품이라는 의혹이 일어 검찰이 수사에 나섰다는 내용이 방영되었다. 검찰에 따르면 조영남은 지난 2009년부터 무명화가 A씨에게 1점당 10만 원 정도의 대가를 지급하고 A씨가 그려준 그림을 조금 손본 뒤에 자신이 직접 그린 작품인 것처럼 전시하고 판매한 혐의를 받고 있다. 무명화가 A씨는 뉴욕에서 28년 동안 활동해온 송기창 화백인 것으로 밝혀졌다. 그는 전주 영생고 출신이며 고교 시절 미술에 두각을 나타냈지만 가정 형편이 어려워 대학 진학을 포기하고 여러 작가의 조수 역할을 하다 늦은 나이에 유학을 떠난 것으로 알려졌다. 뉴욕 유학 시절에는 비디오아티스트 백남준의 조수 역할도 한 것으로 알려졌다. 그런 그가 2009년부터 8년간 조영남의 그림 300여 점을 대신 그렸으며 일부는 99퍼센트를 그렸다고 폭로했다. 송 화백의 주장은 작품의 90퍼센트를 그려서 주면 조영남이 10퍼센트를 덧칠한 뒤 사인을 넣어 작품을 마무리했다는 것이다. 조영남이 작품을 의뢰하면 2~3점 또는 10~20점씩 똑같이 그려 전달했다고 한다.

조영남은 화가 이전에 가수로 인지도를 굳힌 공인이었다. 그는 성악과 대중음악을 접목하고 탁월한 가창력으로 히트곡 없이도 유명가수로 활동했다. 폭넓은 인적 네트워크와 럭비공 같은 행보 또한 독점적인 자산으로 형성된 그의 경력과 맞물려 세간의 시선을 끌었다. 그런 그가 20년 넘게 미술계에 몸담은 송 화백에게 그림을 대작하게 했다. 상식적으로 봐도 가수 조영남이 송기창 화백 밑에서 조수 역할을 하거나 수습생 시절을 거쳐야 맞는 경우일 것이다.

내가 지적하고 싶은 점은, 가수 조영남이 화가 조영남으로 전업할 수 있었던 것은 그의 유명세 덕분이었다는 사실이다. 반면 송기창 화백은 무명이라는 이유로 화가 흉내를 내는 사람의 조수 역할을 하며 한 점당 10만 원의 대가 아닌 대가를 받은 사실을 고민해볼 필요가 있다. 조영남은 헐값으로 취득한 그림을 자신의 작품으로 둔갑시켜 수십 배 또는 수백 배의 값으로 팔아넘겼다. 조영남 대작 사건을 접한 대중은 회화라는 전문영역의 지식이 없어 그 분야의 관행에 대해 확신은 못하지만, 이건 아니지 않나 하는 마음속의 경보음을 듣게 된다. 경보음이 울리는 지점은 조영남은 독점적인 자산인 자신의 이름값을 화투 그림에 투영시켜 지대추구를 꾀했다는 것이다.

《오마이뉴스》는 조영남 대작 사건이 터진 이후 50대 여성화가, 30대 남성화가, 큐레이터 등 3인과의 인터뷰를 3회에 걸쳐 실었다.[•] 세 명의 전문가는 조영남 대작 사건에 대해 약간은 온도 차가 있는 의견을 내놓았는데, '지대추구'라는 관점에서 발췌한 내용을 이 자리에 소개하고자 한다.

● 조창현, 〈"조영남, 깝죽거리다가 큰코다친 거지"〉, 《오마이뉴스》, 2016년 7월 7일. 조창현, 〈'예술이란 무엇인가', 조영남이 던진 화두〉, 《오마이뉴스》, 2016년 7월 9일. 조창현, 〈"조영남 그림, 대작이라 밝혔으면 안 팔렸을 것"〉, 《오마이뉴스》, 2016년 8월 5일.

〈"조영남, 깝죽거리다가 큰코다친 거지"〉는 50대 여성화가 J씨를 인터뷰한 내용이다. 그는 노래로 유명해진 한 개인이 자신의 욕심 때문에 우리나라 화가 사회 전체에 엿을 먹였다고 했다. 그림에 평생을 바쳐온 화가들의 입장을 조금이라도 생각했다면 모두에게 해를 끼치는 이런 일을 해서는 안 됐다는 충고도 곁들였다. J씨는 인터뷰 중에 '지대'라는 말을 사용하지는 않았지만, 그의 입을 통해 조영남이 기존의 미술계에서 종사하고 있는 사람들보다 극히 적은 노력으로 훨씬 많은 수익을 올린 사실은 분명히 확인된다.

〈'예술이란 무엇인가', 조영남이 던진 화두〉는 30대 남성화가 K씨를 인터뷰한 내용이다. 그는 조영남 대작 사건으로 시간이 지나면 조영남의 미술작품 가치가 오히려 더 오를 수도 있다고 보았다. 또한 자신이 대형 미술관 책임자나 프로모터라면 빨리 조영남의 단독 전시를 기획할 것이라는 말도 했다. K씨의 이야기를 통해 내가 느낀 점은 지대가 형성되면 옳고 그름의 잣대가 희미해진다는 것이었다.

〈"조영남 그림, 대작이라 밝혔으면 안 팔렸을 것"〉은 큐레이터 C씨를 인터뷰한 내용이다. 그는 인터뷰에서 조영남이 유명세 때문에 그림이 잘 팔리니까 욕심을 더 부리다가 결국 무리수를 둔 것이라고 보았다. 조영남의 작품을 예술로 보지 않는다면서 하나의 엔터테인먼트라고도 했다. 세계적인 작가들은 작업방식을 당당하게 밝히고 작업을 하기 때문에 조영남처럼 능력도 없는 사람이 속이면서 작업하는 것과는 완전히 다르다고 밝혔다. C씨의 이야기를 통해 미술계를 포함한 문화예술 분야에서 인지도라는 지대가 그야말로 독점적인 성격을 갖고 있음을 파악할 수 있다.

세 사람의 인터뷰 중 30대 젊은 남성화가 K씨의 생각은 다른 두 사람과는 약간 다른 뉘앙스를 풍겼다. 그는 조영남 대작 사건이 일종의 홍보로 인식될 수 있어 미술계가 발돋움할 이벤트성 기회로 여겼다. 그는 젊은 화가들은 이번 사건에 무관심하나 50~60대 기성 화가들이 화가 나 있다고 말했다. 비교적 젊은 화가들은 가수 조영남이 본인의 이름값을 토대로 화가 영역으로 무임승차했다고 여기지 않는 듯하다. 오히려 조영남의 이름값(지대)을 활용하여 단독 전시를 기획할 절호의 타이밍이라고까지 얘기할 정도였다. 아무래도 젊은 세대는 경쟁에 익숙해져 있어 과정보다는 결과 위주로 가치를 평가하는 듯하다.

최진기 인문학 강의 사건, 조영남 대작 사건을 통해 연예계와 문화예술계의 지대추구 현상이 어떻게 일어나는지 간략히 살펴보았다. 우리 사회는 점점 승자독식 구조가 굳어지고 있다. '능력이나 소질이 없어서 일어난 일이니 어쩔 수 없지 않으냐'는 시장주의 접근만으로 바라보기에는 양극화가 극심한 지경에 이르렀다.

양극화의 가장 밑바닥에 있는 예술인을 보호하기 위하여 2011년 11월에 제정된 예술인복지법이 2012년 11월에 시행되었다. 하지만 예술인 긴급복지 지원, 원로 예술인 전문성 및 역량 강화(의료비 지원사업), 예술인 직업역량 강화(바우처 사업), 예술인 법률상담 및 소송지원 등의 방안의 실효성은 의구심의 대상이다. 예술인 긴급복지 지원 같은 사업이 제대로 홍보되고 시행되었다면, 지병과 생활고로 인한 시나리오 작가 최고은의 죽음, 출연료를 제때 받지 못한 극심한 생활고로 인한 연기자 정아율의 자살, 극심한 우울증과 생활고로 인한 배우 김수진의 사망, 생활고에 따른 극심한 우울증 악화로 인한 배우 우봉식의 사망, 생활고로 인한 연극배우 김운하·배우 판영진의 사망 소식을 접하지 않을 수도 있었을 것이다.

일정 영역에 대한 지대를 독점하고 있는 소수의 사람이 지대추구행위를 통해 지대를 넓히려는 욕망은 우리 사회에서 점점 더 늘어날 것이다. 지대를 누리는 소수가 '금수저'처럼 사람들에겐 부러움의 대상이 되기 때문이다. 지대란 사람이 탐하면 탐할수록 그 값어치가 올라간다.

하청사회 vs 을들의 반란

국가의 개입을 최소화하면서 국가 간 자유경쟁을 추구하는 신자유주의는 기업과 개인을 무한경쟁으로 내몰고 있다. 신자유주의 아래에서는 성공이나 실패가 전적으로 개인의 몫이다. 국가나 공공의 책임을 일개 기업과 개인에게 전가하는 거대한 명분이 생기는 셈이다. 이런 이유로 노동의 개인화가 유행처럼 번지면서 균열일터Fissured Workplace라고 할 수 있는 노동의 외주화가 바이러스처럼 대한민국 전역을 휩쓸고 있다.

하청 또는 외주는 갑과 을을 제도적으로 연결하는 끈이다. 원청업체는 독점적 지대를 향유하며 갑이라는 압도적 우위에 서게 된다. 고용의 외주화로 을은 몸이 아파도 일터로 나가야 하는 이른바 '프리젠티즘'이라는 어려움에 봉착한다. 갑의 지대추구행위에 정보기술과 첨단매체가 가세하면서 일터의 외주화 현상과 근로자의 근무여건 악화, 사생활 침해, 노동 강도 증가 등의 부정적 영향이 더욱 심해지고 있다.

하청사회는 을의 일상을 잠식한다. 그렇기 때문에 갑과 을의 위계를 재생산하는 보이지 않는 구조와 제도, 갑과 을이라는 지위를 재생산하는 주체의 태도와 문화를 들여다본 이후에 하청사회의 미래를 간략히 점쳐보고자 한다. 일자리가 줄어든다는 공포는 하청사회의 진실을 보지 못하게 하는 또 다른 장벽이 되고 있다. 4차 산업혁명, 인공지능 등의 기술담론을 우리는 어떻게 받아들여야 할까? 자본을 바탕으로 소수의 기업이 시장을 장악하는 경향을 막을 방법은 없는 걸까?

나는 이 책을 통해 하청사회로 변모한 대한민국의 현실에서 분절화되고 개인화된 관계를 어떻게 청산하고, 원청과 하청 사이의 책임 있는 관계와 연대의 끈을 어떻게 형성할 수 있을지를 독자 여러분과 함께 고민하고 싶다.

끝으로, 소심한 성격인 내가 이 책을 집필할 수 있도록 용기를 북돋워주신 분들이 있다. 보통사람이 생각하지 못하는 아이디어를 개념화하여 제도와 정책을 바라보시는 김동환 교수님, 일상의 사소한 것 하나하나를 놓치지 않고 지적 호기심의 대상으로 삼는 김헌식 대중문화평론가, 매사에 항상 자신감을 갖게 해주는 정석환 교수, 그리고 저자의 마음을 처음부터 세세하게 챙겨주신 생각비행 출판사 손성실 대표께 감사드린다.

18

차례

1

하청사회의 탄생

'하청사회'는 오늘날 한국 사회를 포착하는 데 반드시 필요한 열쇳말이다. 물론 하청subcontract이란 제도 자체가 최근에서야 등장한 것은 아니며 한국에서만 존재하는 현상은 아니다. 서구에서 자본주의가 나타난 이후 자본주의 경제가 자리 잡은 곳마다 원청업체와 하청업체 사이에 생산 분업 관계가 맺어지지 않은 경우는 없었다.

그러나 21세기 대한민국처럼 근로자의 절대 다수가 열악한 '을'의 처지에 놓여서 우월한 위치를 차지한 소수의 '갑'이 저지르는 온갖 '갑질'을 감내해야 하는 이러한 형태의 하청사회가 등장한 적도 없었다. 한국 사회에서 재벌과 대기업 중심의 경제정책 기조는 1960년대 이후로 변함없었다. 그러다가

1997년 IMF 외환위기 이후에는 노동시장이 급변하면서 을은 더욱 취약해진 반면 갑은 갈수록 막강해져서 마침내 '슈퍼 갑'으로 거듭났다.

우리나라 중소기업의 실태를 표현하는 용어로 '99-88'이란 말이 있다.[1] 이는 한국 전체 사업체 수의 99.9퍼센트가 중소기업이며, 전체 근로자의 88퍼센트 가량이 중소기업 종사자라는 뜻이다. 하지만 중소기업들은 그 압도적 비중에도 불구하고 국내 총생산의 절반 수준을 차지할 뿐이다. 반면 겨우 0.1퍼센트에 해당하는 대기업 혹은 재벌이 국내 총생산액의 절반 이상을 장악하고 있다.

갑이 이토록 많은 사회적 부를 움켜쥐게 된 까닭은 을에게 돌아가야 할 이익을 쥐어짜내 가로챘기 때문이다. 이러한 불균형과 불공정이 극적으로 드러난 사례가 있다. 2009년에 삼성전자가 사상 최초로 매출 100조 원, 영업 이익 10조 원을 돌파한 때였다. 당시 초유의 이익을 거둔 삼성전자가 한 일은 협력업체들에 대한 납품단가를 일률적으로 30퍼센트씩 삭감하도록 지시한 것이었다.[2] 재벌과 대기업의 이익이 커질수록 사회 전체로 그 이익이 분산된다는 소위 '낙수효과'trickle-down effect는 더 이상 작동하지 않는다. 파이 자체를 키우자며 재벌과 대기업 위주로 오직 성장을 추구한 한국 경제는 이미 악순환 기제로 바뀌었다.

양극화가 심화된 이 하청사회는 극소수의 갑만 더 많은 이익을 챙기고 대다수의 을은 더 많은 희생을 당하게끔 정교하게 설계되어 있다. 그 설계의 두 가지 핵심 장치가 바로 '지대추구행위'rent-seeking behavior와 '외주화'outsourcing이다. 이를 통해 하청사회에서는 모든 이익을 독식하는 갑이 마땅히 져야 할 책임과 의무가 대폭 줄어드는 반면 을이 져야 할 위험과 손해는 날로 늘어난다. 하청사회의 문제 또는 하청사회라는 문제를 풀어가기 위해서는 이 두 가지 핵심 장치를 살펴보아야 한다.

1

어느 하청노동자의 죽음으로 본 하청사회의 구조:
지대추구행위와 외주화

2016년 5월 28일 저녁 5시 51분, 지하철 2호선 구의역 승강장 5-3지점 승강장안전문(스크린도어) 수리를 마친 19살 김 아무개군은 9-4지점으로 향하며 전화통화를 했습니다. 올해 고교를 졸업한 그는 서울메트로로부터 스크린도어 유지보수 업무를 위탁받은 하청업체 은성피에스디PSD 계약직 직원이었습니다. 김군은 동료 직원과의 통화에서 '구의역에서 수리한 뒤 고장 신고가 들어온 을지로4가역까지 1시간 안에 도착해야 함을 걱정'했습니다. 통화를 마친 김군은 승강장 9-4 지점 스크린도어를 열고 선로 쪽으로 들어가 장애물검지센서 청소를 시작했습니다. 24시간 동안 14회나 장애발생 기록이 있던 곳이었습니다. 그리고 불과 1분도 지나지 않아 김군은 구의역으로 진입하던 열차와 스크린도어 사이에 끼여 숨졌습니다.[3]

2016년 5월, 구의역 김군 스크린도어 사망사고는 하청사회의 실체를 드러내는 집약적 사례였다.

김군은 서울의 지하철역 스크린도어를 수리하는 일을 했지만 그의 소속은 서울메트로가 아니었다. 그는 원청인 서울메트로가 위탁 계약을 맺은 하청인 은성PSD에 고용된 근로자였으며, 그것도 월급 144만 원을 받는 비정규직이었다. 죽은 김군의 가방에는 컵라면 하나가 담겨 있었는데 그것조차 먹지 못하고 일하다가 사고를 당했다. 끼니도 때우지 못한 채 과도

한 업무의 압박에 쫓겼을 안타까운 처지에 많은 사람이 공감하며 젊은 하청노동자의 죽음을 애도했다.

사실 김군의 죽음은 예상치 못한 참사가 아니었다. 1년 전 강남역에서도 비슷한 사망사고가 있었다. 원칙적으로 스크린도어 점검은 2인 1조로 진행해야 하지만, 실제로는 김군처럼 한 사람이 담당하고 있었다. 서울메트로의 스크린도어 점검 업무를 수주한 하청업체는 비용을 절감하기 위해 극도로 인력을 축소한 상태로 계약을 맺었기 때문에 2인 1조 점검이란 애초에 불가능했다.

구의역 지하철 사고와 관련한 기본 근로 조건을 보면, 49개 역사의 스크린도어를 관리하는 직원은 6명으로 1명당 5개 역을 담당하는 셈이다. 하나의 역을 점검하는 데 걸리는 시간이 대개 두세 시간인데 반해 하루 평균 고장 신고는 40여 건에 달한다. 여름철과 겨울처럼 온도가 급격히 변하는 계절에는 최대 하루 200여 건 가량의 신고가 접수되기도 한다.

이러한 현황을 정확히 파악해서 근본적인 대응책을 마련해야 했지만, 서울메트로는 유사한 안전사고가 발생할 때마다 안전 규정을 지키지 않았다며 비정규직 근로자 개개인에게 책임을 떠넘겼다. 서울시와 경찰의 조사에 따르면, 구의역에서 김군 혼자 스크린도어 점검 작업을 하고 있을 당시 서울메트로에서는 김군이 작업 중이라는 사실조차 파악하지 못하고 있었다.

하청사회에서는 힘없는 을들에게 이러한 사고가 반복될 수밖에 없다. 갑이 비용 절감을 위해서 시행하는 외주화란 결국 '위험의 외주화'를 포함하거나 초래하기 때문이다.

구의역 사고가 일어난 다음 1년 후인 2017년 5월만 헤아려보아도 비정규직 노동자들의 산재 소식이 잇따랐다. 2017년 5월 1일에는 경남 거제 삼성중공업에서 크레인 사고가 나서 6명이 사망하고 25명이 다쳤다. 아이러니하게도 사고가 일어난 날은 '근로자의 날'이었다. 정규직 근로자가 휴식하는 법정공휴일에 하청업체 근로자들은 쉬지 못하고 근무하다 참변을 당한 것이다. 또한 5월 20일에는 인천공항에서 변전설비 정기점검을 하던 부산지하철공사 소속 간접고용 비정규직 근로자 3명이 감전사고로 크게 다쳤다. 우리나라는 OECD 국가 중 산재 사망사고율 1위를 기록하고 있다.

하청사회의 문제가 집약된 구의역 스크린도어 사고에서 하청사회를 떠받치는 두 개의 기둥, 즉 '지대추구행위'와 '외주화'를 읽어낼 수 있다. 이때 '위험의 외주화'라는 자명한 현상을 인식하기란 그리 어렵지 않다. 하지만 지대추구행위를 어디에서 발견할 수 있을까?

'지대'rent란 토지 사용료에서 유래된 개념이며, 경제학에서는 토지와 유사한 성격의 재화나 서비스까지 아우르는 개념으로 확장되었다. 노벨경제학상을 수상한 조지프 스티글리츠 Joseph E. Stiglitz는 "토지 소유자는 자신이 '한' 일이 아니라 토지에 대한 소유권을 가지고 있다는 사실 때문에 보상을 받는다"라고 비판한 바 있다.[4] 토지를 소유한 사람은 다른 생산 활동을 하지 않아도 계속해서 토지에서 나오는 지대를 얻는다.

'지대추구행위' 개념은 근본적으로 지대에 근거한다. 재화나 서비스를 생산하지 않고서 비생산적 방식으로 이익을 얻으려는 노력이 지대추구행위이며, 더 넓게 보면 기득권을 통해 경쟁을 회피하면서 얻는 초과 이익을 가리킨다. 이때의 지대는 공정한 경쟁을 도모하는 방식으로 추구되는 이윤과는 전혀 다르다. 지대추구행위란 독점적 특혜나 특권을 통해 이익을 추구하는 것이기 때문이다. 미국 유타 대학교 경제학과 명예교수인 E. K. 헌트Hunt는 이를 '보이지 않는 발'이라고 일컬었다.[5] 공정한 경쟁으로 적정한 가격이 형성되어 다수에게 이익을 준다는 애덤 스미스의 '보이지 않는 손' 은유와 상반되는 이 현상을 기발하게 개념화한 것이다.

구의역 김군 스크린도어 사고에서도 서울메트로 공무원들의 '지대추구행위'가 숨겨져 있음을 발견할 수 있다. 서울메트로는 비용 절감 등의 이유로 구조조정을 하며 특정 업무들을 외주화했다. 이 과정에서 서울메트로는 내보내는 퇴직자들을 협력업체, 보다 정확히 말해서 하청업체에 무조건 고용되도록 보장해주었다. 뿐만 아니라 서울메트로에서 수령하던 임금의 최소 60퍼센트에서 최대 80퍼센트 수준을 확보해주었다. 서울메트로의 퇴직자가 하청업체의 임원직으로 들어가서 받는 연봉은 서울메트로 정규직보다는 적었지만, 그럼에도 하청업체 근로자의 두세 배에 해당하는 상당한 액수였다.

서울메트로 출신 임직원이 약 434만 원을 받는 동안에, 목숨을 걸고 정비 업무를 수행하는 김군 같은 비정규직은 겨우 월급 144만 원을 받았으며, 김군과 동일한 업무를 하는 정규직은 180~220만 원을 받았다. 이처럼 가장 큰 문제는, 임직원의 급여를 우선적으로 보장하는 반면 최저입찰가로 이루어지는 서울메트로의 용역을 따내려고 하청업체 직원의 인건비를 최소한으로 책정했다는 점이다.

스크린도어 정비기술 업무능력도 없이, 그저 서울메트로의 직원이었다는 전력 하나로 고용과 고액 연봉이 이전되었다는 측면에서 보면, 서울메트로 출신 은성PSD 임직원은 서울메트로라는 '지대'의 보호를 받은 셈이다.

만약 서울메트로의 명예퇴직자들이 '낙하산'으로 하청업체로 들어가지 않았다면, 무엇인가 달라지지 않았을까? 비정규직 노동자들이 열악한 임금을 받고 불안전한 근무 환경에 처한 것은 단지 '외주화'만이 원인은 아니다. 서울메트로 퇴직자들이 공기업 출신이라는 지대를 이용해서 하청업체 고위직을 차지하고 특권과 특혜를 누리려 하는 '지대추구행위'가 맞물린 것이었다.

서울메트로 퇴직자들을 깎아내리거나 비난하는 것은 이 책의 의도가 아님을 밝혀둔다. 2008년 당시 서울시장의 성향을 따랐던 서울메트로에서 직원들에게 명예퇴직을 하고 하청업체로 가거나, 그게 아니면 자회사에 남아서 임금피크제나 퇴직금 누진제 폐지 등 손해를 감수할 것을 최근까지 압박했다는 사실을 참작해야 한다.

어느 하청노동자의 안타까운 죽음을 돌아보며 이 책에서 강조하려는 핵심 논지는 이러하다. 하청사회라는 현상의 본질을 꿰뚫어보기 위해서는 하청사회를 움직이는 두 개의 장치, 즉

'지대추구행위'와 '외주화'를 반드시 함께 살펴보아야 한다는 것이다.

2
하청사회의 재구성:
갑과 을은 어떻게 재생산되는가?

갑은 어떻게 재생산되는가?

하청사회는 '갑을사회' 또는 '갑질사회'라고 달리 표현할 수 있다.

원래 하청subcontract이란 일의 일부 혹은 전부를 위탁받는 상호계약이며, '갑'과 '을'도 계약거래 당사자 양쪽을 일컫는 명칭일 뿐이다. 그러나 양자가 평등하거나 대등하지 않기에, 대개 계약은 일거리를 주는 원청인 갑에게 유리한 반면 일거리를 받는 하청인 을에게는 불리하다. 그래서 흔히 갑은 우위에 있는 자로, 을은 지위가 낮은 자로 인식된다.

이제 갑을관계란 불평등한 수직적 관계를 가리키며, 하청이란 그러한 관계 속에 있는 을을 지칭한다. 그리고 '갑질'이란 갑이 우월한 지위를 이용해서 을에게 부당행위를 하는 것을 뜻한다. 가령 원청과 하청 사이에 널리 알려진 부당행위 또는 '불공정 하도급거래'에는 "납품단가 후려치기, 기술 탈취, 구두발주, 하도급대금 부당감액 등"이 있다.[6] '갑질'은 단지 갑이 '우위에 서는 것'만이 아니라 하위에 있는 을을 '밟고 서는 것'을 포함한다. 갑은 갑질을 통해 스스로의 우월한 지위를 지속적으로 유지하며 궁극적으로 더 많은 지대 또는 이익을 추구하고 있다.

이처럼 하청사회가 작동하기 위해서는 갑은 계속해서 갑의 위치를, 을은 계속해서 을의 위치를 유지해야 한다. 달리 말하면, 갑과 을의 불평등한 관계가 지속적으로 재구성되어야 하청사회는 존속된다.

먼저 갑의 입장에서 보자. 갑은 어떻게 해야 계속해서 갑이 될 수 있을까? 갑의 지위를 견고하게 지키거나 더욱 높이기 위해서는 어떻게 해야 할까? 갑과 을 사이의 불평등이 점차 줄어든다면 갑으로서의 특권과 특혜도 점차 약화되고 만다. 따라서 갑은 불평등을 심화시키되 그에 따르는 을들의 불만을 무마해야 한다. 낙수효과 이론은 그 핵심 전략이었다. 갑들은 낙수효과를 반복해서 말하지만 실제로는 낙수효과를 차단하거나 지연하면서 갑의 위치를 확고히 지킬 수 있었다.

낙수효과란 고소득층의 소득 증대가 소비 및 투자 확대로 이어져 궁극적으로 저소득층의 소득도 증가하는 효과를 가리킨다. 낙수효과 이론의 지지자들은 고소득층이나 대기업의 수중에 먼저 돈을 채우면 중력의 법칙에 따라 가난한 사람에게도 그 혜택이 흘러내려온다고 설명한다. 그리고 다음의 인과지도처럼 '부자 감세'는 부유층의 지출 증가와 투자 증가로 이어지며 을에게 돌아갈 일자리도 많아진다고 예언한다.

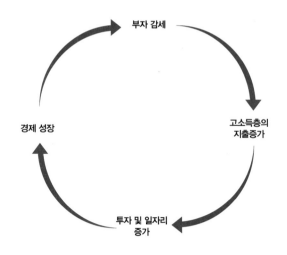

과연 낙수효과로 빠른 경제성장의 선순환을 이루게 될까?

많은 경제학자는 이에 대해 회의적이다. 부자들은 감면된 세금만큼의 현금을 재투자하며 일자리를 창출하지 않았다. 오히려 불확실한 상황에서 자금을 확보하거나 자산에 투자했을 뿐이다. 2016년 5대 기업의 사내유보금은 370조 원으로 10년 만에 약 3배나 증가했다. 사내유보금이 많다는 것은 기업이 이익을 남긴 뒤 투자를 하지 않은 채 그저 '곳간'에 차곡차곡 채워놓는다는 의미이다.

실제로는 낙수효과의 선순환 대신 빈부의 차는 더 커지고 가난한 사람들이 더 많은 빚을 떠안으며 가난해지는 악순환이 이어지고 있다.

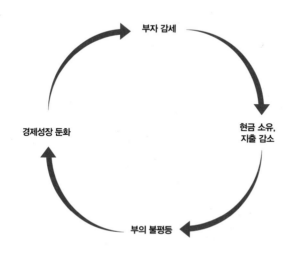

다음 두 개의 그림은 낙수효과의 이론과 실제를 개념화한 이미지이다. 이론적으로 위쪽 그림처럼 낙수효과가 선순환하면 이익은 갑과 을에게 공평하게 공유된다. 그러나 실제로는 그런 일은 일어나지 않는다. 아래쪽 그림처럼 갑의 잔만 계속

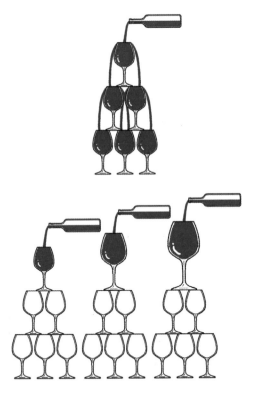

낙수효과가 이야기하는 이상과 하청관계의 현실

커질 뿐이다.

아래쪽 그림을 좀 더 자세히 살펴보자. 맨 위 칸의 와인잔 3개의 크기가 각기 다르다. 여기에 다음과 같이 화살표를 첨가하면, 왼쪽에서 오른쪽 방향으로 도급을 주고받는 하청관계가 그려진다.

왼쪽에서 오른쪽으로 넘어갈수록 맨 위 칸의 와인 양이 줄어들고 있음을 확인할 수 있다. 이것이 바로 전형적인 도급관계, 즉 외주 혹은 하청관계에 있는 갑과 을의 처지이다.

외주나 하청으로 이루어진 업무의 간접고용이 필연적으로

'을'이 바라는 일은 실제로는 일어나지 않는다.

위험성을 내포하고 있음을 간단한 수식으로 표현하여 강조할까 한다. 《왜 우리는 집단에서 바보가 되었는가》라는 책에서 군터 뒤크Gunter Dueck는 대기행렬 공식을 소개한다.[7]

계산대가 하나뿐인 매장에서 장을 봐야 한다고 가정해보자. 물건을 산 모든 손님은 계산대를 통과해야만 한다. 계산대가 하나뿐이니 긴 줄이 늘어서기 마련이다. 대기줄의 평균 길이가 어느 정도인지는 계산원의 업무 부담에 따라 달라진다. 이 관계를 표현한 것이 대기행렬 공식이다.

계산대 앞의 예상 손님 수 = 계산원 부담 / (1 − 계산원 부담)
대기줄 예상 길이 = 계산원 부담 × 계산대 앞의 예상 손님 수

사업주는 계산원이 근무시간의 85퍼센트 해당하는 시간에만 실제업무(계산)를 수행했다며 계산원의 인력 활용도를 극대화하는 방안으로 매장의 진열 품목을 대폭 늘렸다. 결과적으로 더 많은 손님이 매장을 찾았다. 이때 사업주는 계산원의 인력이 얼마나 활용되는지를 다시 측정했다. 결과는 92퍼센트였다. 사업주는 만족해하면서 더 많은 상품을 들여놓았다.

이후 매장 상황을 점검하던 사업주는 계산대 앞에 긴 줄이 늘어선 모습을 보았다. 세어보니 15명이 계산대 앞에서 기다리고 있었다. 원활하지 못한 일처리가 불만인 사업주는 계산원에게 호통을 쳤다. 계산대 앞에 늘어선 손님들만 보고 계산원이 늑장을 부린다고 생각한 것이다.

사업주가 측정한 계산원의 인력 활용도가 92퍼센트였을 때 이를 대기행렬 공식에 대입하면, 0.92/(1-0.92)=0.92/0.08=11.5가 나온다. 이를 대기줄 예상 길이 공식에 대입하면, 0.92×11.5=10.58이 나온다. 즉 손님이 우연히 들어온다는 가정을 할 때 계산대 앞에서 대기하는 손님은 평균 10명이 넘는다는 것이다.

사업주는 애초 계산원이 한가해서 노는 것으로 생각하고 매장의 진열 품목을 늘렸다. 그 결과 계산원 한 사람이 대응하기엔 역부족인 10명 이상의 대기 인원을 발생시켰다. 대기 인원이 너무 많으면 불편을 느낀 손님이 나가 가게를 다시 찾지 않는 문제로 이어진다.

사업주가 계산원의 인력 활용도를 92퍼센트로 조정하기 전인 85퍼센트를 대기행렬 공식에 대입해보자. 0.85/(1-0.85)=0.85/0.15=5.6이며, 이를 대기줄 예상 길이 공식에 대입하면, 0.85×5.6=4.81이 되어 평균 대기 손님이 약 5명 정도임을 알 수 있다.

이 사례를 통해 외주나 하청을 받아 도급계약으로 업무를 받은 외주업체가 비용절감만 염두에 두고 인력 활용도를 최대한으로 높이려 하는 경향을 쉽게 예상할 수 있다. 2016년 6월 23일 삼성전자서비스센터 하청업체 소속 애프터서비스A/S 기사였던 진씨가 건물 외벽에 있는 에어컨 실외기 수리를 하던 중 창문 안전대가 떨어지면서 추락해 목숨을 잃었다. 이 회사 A/S 기사의 경우 기본급은 130만 원, 처리 건수 60건을 넘겨야 건당 수수료를 받을 수 있었다. 삼성전자서비스지회 라두식 지회장은 A/S 기사의 입장에서는 시간이 돈이기 때문에 안전장비를 제대로 갖추고 일할 시간이 없다고 한다. 실제로 A/S 기사들은 촉박한 일정에 쫓긴다. 한 집의 수리를 한 시간 내로 완료해야 하는, 이른바 '한 시간 한 콜' 시스템 때문이다. 시간 내에 처리를 하지 못하면 실적에 포함되지 않는 '미결'로 기록되어 출장비가 나오지 않는다. 수리 기사 입장에서는 허탕인 셈이다. 하지만 삼성전자서비스센터 측은 A/S 기사의 작업 중 안전 확보와 건당 수수료 체계와 관련해서는 도급 계약에 의해 진행되고 있는 상황이라며 직접 사용자가 아니기 때문에 법적인 책임이 없다고 밝혔다.[8]

한편 삼성전자서비스지회는 직영 기사는 안전한 업무를 하고 위험 업무는 하청노동자에게 넘어온다며, 노조가 잘 조직된 센터에서는 조합원들이 위험 업무를 거부하기도 하지만 개인 사업자 신분인 도급 기사들은 이를 거부하기 어렵다고 밝혔다.

앞서 낙수효과가 일어나지 않는 현실을 표현한 그림처럼, 와인의 양은 외주 단계를 거칠수록 줄어들고 그 줄어든 양으로 아래 잔을 채워야 하기 때문에 인력 활용도를 극대화하는 상황이 벌어지는 것이다. 이런 방식의 구조에서는 계산원이나 A/S 기사나 모두 업무 피로도가 점점 높아질 수밖에 없다. 특히 급여가 실적에 따라 책정되는 시스템에서는 특정 사업장에 소속된 근로자 신분이 아니라 개인사업자 신분으로 간주되기 때문에 노동법의 보호를 받지 못하는 또 다른 문제가 발생하기도 한다.

을은 어떻게 재생산되는가?

하청사회에서 을은 이중의 착시효과를 통해 재생산된다.

을은 자발적으로 각자도생하는 신자유주의적 주체로 남는다. 한병철이 《피로사회》에서 간파한 것처럼 오늘날 신자유주의 체제의 성과사회에서는 성과주체인 개인은 자기를 착취하면서 자발적으로 생산성을 향상시키려고 매진한다.[9] 이러한 자기 착취의 동력은 할 수 있다는 믿음, 즉 긍정성의 과잉이다. 할 수 있기 때문에 할 수 없다는 사실은 부정된다. 모든 개인은 성과를 낼 수 있다. 달리 말하면 성과를 내지 못하는 것은 결국 자기 탓이다.

이 시대의 을들은 성과주체로서 성공도 실패도 모두 자신의 선택이고 책임이라 믿으며 끊임없이 앞만 보고 내달린다. 을들은 학교나 회사 같은 조직에서 성적이나 성과로 서열을 매기는 무한경쟁 체계에서 벗어나지 못한다. 집단 전체가 그저 맹목적으로 앞으로만 내달리다가 절벽에 떨어져 죽고 마는 아프리카의 스프링폭스라는 산양들처럼.

만약 '을'이 옆에 있는 다른 '을들'을 마주보고 함께 조직을 이루거나 연대한다면, 그래서 을들이 질주를 멈춘다면, 어떻게 될까? 그때 하청사회는 더 이상 작동하기 어려울 것이다. 하지만 하청사회에서는 그러한 사건이 일어나지 않고 여전히 굴러가고 있다.

'죄수의 딜레마'는 협동하면 모두에게 이익이 되는데도 배반을 선택하게 되는 인간의 심리를 잘 설명해준다. 범죄조직의 두 조직원이 체포되었다. 그들은 각각 독방에 갇혔고 서로 이야기하거나 메시지를 교환할 수단을 지니지 못한 상황이다. 두 조직원은 체포되더라도 절대 죄를 자백하지 않기로 약속했다. 수사관은 두 조직원의 유죄를 입증할 충분할 증거를 지니고 있지 못하다고 시인하면서 각각에게 파우스트적 협상안을 제시한다.

두 죄수 모두 자백하지 않으면 각자 1년 형을 받는다. 동료의 죄를 증언하는 자는 바로 석방되는 반면 자백하지 않는 자는 10년간 감옥살이를 해야 한다. 하지만 둘 다 자백하면 각자 5년간 감옥살이를 해야 한다.

이 상황에서 두 죄수 모두에게 유리한 선택지는 서로 자백하지 않는 것이다. 그런데 상대가 자신의 죄를 증언할지 어떨지 알 수 없는 상황에서는 협동하기가 쉽지 않다. 상대방의 범죄 사실을 증언하면 형량이 감해진다는 말에 혹한 두 죄수는 상대방의 죄를 폭로하여 각기 5년간의 감옥살이를 하게 된다.

인간을 합리적, 이기적 동물로 여기는 경제적 사고방식에 익숙한 현대인은 남을 위해 희생하는 마음을 갖기가 쉽지 않다. 이 때문에 각자의 이익을 추구하다 모두 손해를 보는 상황을 하청사회에서 쉽게 목격하게 된다. 하청사회는 막다른 골목으로 을들을 내몰고 상호 변절을 강요하는 사회이기도 하다. 상대를 죽이지 않으면 내가 죽는 상황에서 을들은 협동보다 생존을 우선적인 가치로 생각하게 된다. 그것은 개인으로만 자신을 인식하는 을이 오직 성과라는 렌즈로 세상을 바라보기에 일어나는 착시효과 때문이다.

안타깝게도 성과사회에서 살아가는 을의 눈에는 옆의 을이 동료라기보다는 경쟁자로 보일 뿐이다. 무한경쟁에 노출된 청년 세대에게는 오로지 갑에게 받는 평가에서 조금이라도 높은 점수를 받는 것이 생존의 관건이다. 근본적으로 평가제도에 의문을 제기하는 생각을 하기 어렵다. 갑이 제시하는 평가 기준이 공정한지, 갑이 평가자가 된 것이 정당한지 등에 대해서 감히 묻지 못하는 것이다. 대신에 그저 각자도생하려 발버둥치면서 갑의 평가를 기다리는 '을'의 입장에 쉽게 길들여진다.

개인주의와 성과주의가 결합하는 양상을 조금 색다른 도구로도 확인해볼 수 있다. 구글은 세상의 모든 책을 전자화하는 '구글 북스 프로젝트'를 진행 중이다. 현재 약 2500만 권 분량의 책이 디지털화되어 있다. 구글 북스 엔그램 뷰어Google Books Ngram Viewer를 검색하면, 1500년에서 2008년까지 출간된 800만 권의 책 중 매년 특정 단어가 얼마나 널리 사용되었는지 가늠할 수 있다.

'자유'와 '평등'으로 검색한 결과

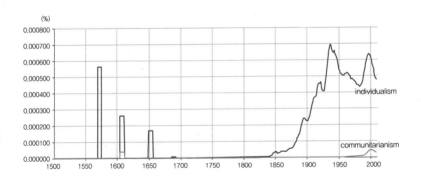

'개인주의'와 '공동체주의'로 검색한 결과

구글의 엔그램 뷰어로 먼저 '자유'와 '평등'이란 두 개념을
살펴보면 위와 같은 결과가 나온다. '자유'는 약간의 우위를
점하며 '평등'과 경쟁하다가 18세기 후반부터 급격히 사용빈

도가 증가하며 압도적 우세를 보이고 있다.

또한 '자유'와 '평등'이라는 이념에 각각 상응하는 '개인주의'와 '공동체주의'를 검색해보면 다음과 같은 추세가 나타난다. 19세기 중반부터 '개인주의'에 대한 논의가 '공동체주의'에 대한 논의를 압도적으로 능가했음을 알 수 있다.

'자유'와 '개인주의'가 득세한 시대에 이 두 개념이 조직 차원에 반영되어 새로 만들어진 가치가 '핵심 역량'core competence이다. 회사를 하나의 '개인'처럼 여기고 '법인'으로 부르듯, 회사는 개인의 특성이나 역량처럼 회사가 보유한 내부적 특성, 경쟁사와 차별화될 만한 내부적 역량을 찾기 시작한다. 그리고 결과적으로 투입 대비 산출이 적은 이른바 가성비가 낮은

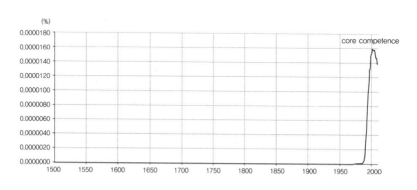

'핵심 역량'으로 검색한 결과

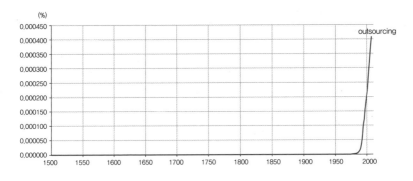

'아웃소싱'으로 검색한 결과

사업 부분은 하청이나 외주를 주는 경향이 훨씬 뚜렷해진다.

'핵심 역량'과 '아웃소싱'('하청' '외주' 포함)을 검색해보면 그 래프와 같이 두 개의 가치가 1980년대부터 현재까지 널리 유행한다는 사실을 확인할 수 있다.

'핵심 역량'과 '아웃소싱'을 추구하는 이러한 경향이 조직 차원에 침투하여 나타난 현상이 바로 '조직의 동형화' isomorphism 현상이다. '동형화'라는 단어 빈도에 대한 추이를 보면 1950년대 이후에 급격하게 유행하고 있음을 알 수 있다.

이상에서 살펴본 것처럼 사회는 '개인주의'와 '성과주의'에 따라 급격하게 재편되어 왔다. 그 결과로 사기업뿐만 아니라 공기업마저 외주화가 자연스러운 대세를 이루는 시대를 살아

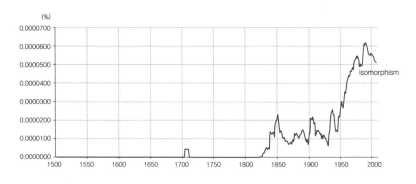

'동형화'로 검색한 결과

가는 을들은 스스로를 '개인'과 '성과주체' 외의 다른 정체성으로 상상하기가 어려워진다.

한편 여기에 또 다른 착시효과가 이중으로 겹쳐진다. 하청사회에서 을은 단지 생산 활동에 종사하는 을로만 존재하는 것뿐만 아니라 소비하는 고객인 갑으로도 보이는 것이다. 하청사회의 을은 모두 '고객'이라 불린다. 그리고 고객은 이론적으로 갑이며, 실제로 갑질하는 위치에 설 수도 있다. 을이 일상생활에서 '고객'으로 호명되는 이상, 을은 스스로가 갑처럼 보이는 착시현상에서 벗어나기 어렵다.

국어사전에서 고객은 "상점 따위에 물건을 사러오는 손님"으로 정의된다. 물건을 사러온 손님은 물건의 품질과 서비스의 수준, 즉 재화와 용역을 구입한다. 고객은 당연히 만족할 권리가 있으며, 판매자는 고객을 만족시켜야 할 의무와 책임이 있다. 국민 한 사람, 한 사람이 스스로의 정체성을 고객이라는 이름으로 인식할 때부터 전혀 다른 세계가 열리게 된다.

전 세계적으로 보면, 신공공관리론New Public Management이 '공공 부문 개혁'을 내세우며 급부상하면서 고객이라는 단어가 공공 영역에도 침투하기 시작했다. 당시 여러 나라의 신보수주의 정부들은 의도적으로 공공 부문 개혁을 추진하면서 민간 회사의 경영기법을 공적 영역에도 이식하려는 거대한 흐름을 이끌어냈다.[10] 공공 부문에 전문경영, 성과측정, 비용절감 등 이윤 추구를 위한 기업의 원리를 도입하면서 경쟁을 부추겼다. 이는 공공 부문의 정부 기업을 민간 기업에 매각하거나 이양했으며, 심지어 외주화하는 결과를 낳았다.

이러한 영향은 오늘날 한국 사회에서도 뿌리 깊게 자리 잡았다. 국민을 상대로 하는 공공 기업이 '고객만족'을 추구하는 경향은 너무나도 자연스럽게 여겨진다. 그러나 처음부터 '고객만족'이라는 이념이 신성불가침처럼 받아들여진 가치는 아니었다. 그것은 20세기가 저물어갈 무렵에야 도입된 것이었다.

1999년 8월, 기획재정부에서 최초로 공기업 서비스의 '고객

만족' 실적을 평가하기 위해 공기업 고객만족 평가모델을 개
발했다. 그리고 1999년 9월에 한국전력공사 등 19개 경영혁신
대상 공기업에 대해 고객만족도 조사를 실시했다. 애초의 의
도는, "고객만족 경영 마인드 확산을 통한 고객중심의 서비스
구현과 고객만족 극대화를 위한 공기업간 경쟁적 환경을 조성
하여, 공기업 경영 투명성을 높이고 공기업의 경쟁력을 제고
함으로써 경영혁신을 촉진시키는 것"이었다.[11]

이와 같은 전 국민의 고객화는 치명적 위험을 초래하게 된
다. 앙드레 콩트 스퐁빌이 "자본주의는 윤리적인가?"라는 질
문을 던지며 경고한 것처럼, 경제 영역이 한 사회를 구성하는
다른 영역들을 수렴하는 현상이 나타날 수 있다.[12] 사회에서
더 이상 자본주의화되지 말아야 할 영역은 없을까? 윤리적 가
치를 세워야 할 영역이 지켜질 수 있을까?

'고객만족'은 재화와 용역을 평가하는 시장이라는 경제 영
역에 국한되어야 할 가치다. 그러나 공공 부문에서 도입되기
시작한 이 '고객만족'이라는 이념은 바이러스처럼 퍼져나가
사회의 모든 영역을 경제 영역으로 단일화하는 촉매제 역할
을 했다. 누구든 매장에 들어서는 순간, 만족을 누리는 고객이
되고 갑으로 둔갑하는 것처럼, 국민 모두가 고객으로 호명되

기 시작되면 모든 양상이 변하기 시작한다. 고객의 입장에 서면, 구입하려는 재화나 용역의 가치를 평가하는 위치에 놓인다. 그 결과가 기준에 미치지 못하면 다른 상점으로 발길을 돌리면 그만이다. 고객이 된 을은 갑의 입장에 서서 자신이 원래 을이라는 현실이나 나를 맞이하는 근로자가 나와 같은 을이라는 사실을 보지 못하게 된다.

갑을사회는 전 국민이 고객화된 '고객만족 사회'라고도 말할 수 있다. 이를 구글의 트렌드 검색으로 재확인할 수 있다.

'고객만족'과 '거버넌스'의 추이는 꽤 유사한 흐름을 보인다. 신공공관리론에 입각한 '거버넌스'라는 단어의 사용 빈도는 2000년대 초반부터 공공 부문으로 확대된 '고객만족'이라는 단어의 사용 빈도와 비슷하다. 그러나 '갑질'이라는 단어는

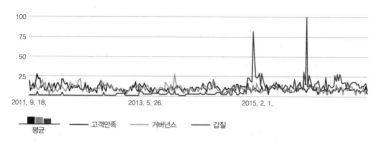

'고객만족' '거버넌스' '갑질'로 검색한 결과

2013년 5월부터 서서히 부각되다가 2015년 초에 급성장했으며 이후에는 '고객만족'과 '거버넌스'의 추이를 넘어섰다.

이번 장에서는 하청사회에서 갑과 을의 입장이 어떠한 담론들을 통해서 되풀이되는지를 중심으로 살펴보았다. 갑과 을은 거듭 재구성되는 담론적 장치 없이는 성립하지 못한다. 하청사회의 갑은 낙수효과라는 담론을 활용한다. 반면 을은 스스로 평가를 받아야 하는 '개인'이자 만족을 누려야 하는 '고객'으로 바라보는 두 겹의 모순된 담론을 통해서 하청사회의 을로 거듭 자리매김하고 있다.

이어지는 2장과 3장에서는 하청사회를 지탱하는 두 개의 거대한 기둥인 '지대추구행위'와 '외주화'를 다뤄보려 한다.

2

지속가능한 갑질의 조건1: 지대추구행위Rent-Seeking Behavior

하청사회에서 갑은 어떻게 지속적으로 갑질을 할 수 있는 것일까? 《어린 왕자》에 나오는 유명한 문장에 답이 있다. "가장 중요한 것은 눈에 보이지 않는다."[1] 내가 '지속가능한 갑질의 조건'을 질문하는 이유는 눈에는 잘 보이지 않지만 매우 중요한 하청사회의 작동 원리를 꿰뚫어보고자 하기 때문이다. 하청사회가 유지되고 갑질이 지속되는 것은 그냥 이뤄지는 일이 아니다. 매우 정교한 장치들이 맞물려 작동되어야 한다.

그러나 이미 짜여진 사회적 상황이 아무리 견고하게 보이더라도 그 사회를 구성하는 성원들이 이상한 현실에 이름을 붙이고 이야기하기 시작한다면 그 완고한 체제에 미세하게나마 균열이 발생하게 된다. 이 책에서 갑질이 성립하는 조건에 대한 가설을 세우고 논의하려는 시도에는 바로 그런 의미가 있다.

갑이 아무리 엄청난 이윤을 얻는다고 해도 한두 차례에 그 친다면 하청사회에서 갑의 지위를 지속하기란 불가능하다. 그러므로 갑은 끊임없이 지대추구행위를 수행하면서 자신의 지위를 거듭 확정하고 확장해나가려 한다. 이번 장에서는 지속가능한 갑질을 위해 필요한 첫 번째 장치인 '지대추구행위'를 살펴볼 것이다.

1
'보이지 않는 발'invisible foot:
지대추구행위

나는 이 책에서 지대추구행위를 부당한 방식으로 경쟁을 회피하며 지대(이전소득移轉所得)를 추구하는 것으로 규정한다. 지대추구행위란 갑질 자체인 동시에 지속적인 갑질의 토대인 셈이다. 이번 장의 의도는 하청사회의 '보이지 않는 발'에 해당하는 갑의 지대추구행위를 생생히 볼 수 있게 하려는 것이다.

정부에 의해 초래된 지대로 인한 사회적 낭비를 지대추구행위로 명명하고 이를 비판한 지대추구론을 정립한 이들은 아이러니하게도 신자유주의 이론가였다. 이 때문에 지대추구론은 오랫동안 갑을 위한 가장 강력한 이론의 무기고로 활용되었다.

지대추구론의 뿌리는 고전 경제학의 창시자로 불리는 애덤 스미스까지 거슬러 올라간다. 애덤 스미스는 왕실의 이익만 배불리는 중상주의를 비판하면서 그 유명한 《국부론》을 저술했다. 그는 시장에서 형성되는 가격을 세계를 돌보는 신의 손길에 견주어 '보이지 않는 손'이라 칭했다. 그리고 그 보이지 않는 손에 의해 이기적 인간들이 참여하는 시장에서 절묘하게 수요와 공급이 맞추어지며 국가의 자원도 적절하게 분배되어 결국 공익이 증대된다고 설파했다.

고전적 자유주의를 계승한 신자유주의는 전 세계에 급속도로 퍼져나갔다. 세계 곳곳에서 정부의 간섭을 줄이고 시장에 맡기는 방식을 통해서 성장을 꾀하는 신자유주의적 재편이 급격하게 이뤄졌다. 그 주된 이론적 근거 중 하나가 바로 '지대추구론'이었다. 이는 정부가 독점 시장에 개입하면 거기에는 경쟁이 제한되어 독점 이윤인 '지대'가 형성되기 시작하는데, 각 이익집단 사이에 '지대추구행위'가 일어나 엄청난 사회적 낭비가 발생한다는 비판이었다.

그러니까 원래의 지대추구론에서 지대 영역을 설정하는 주체는 정부였다. 정부가 새로운 시장 참가자가 진입해서 경쟁하는 것을 어렵거나 불가능하게 만들어 이윤을 창출하는 곳에서만 지대가 형성될 수 있기 때문이다.

우리나라에서 화물차 번호판의 가격이 급증한 사례가 이런 경우에 해당한다. 예전에는 운송 자격증만 있으면 누구나 화물 운송이 가능했다. 하지만 2003년 화물연대파업 이후 정부가 화물차의 공급을 조절하면서 시장 진입을 허가제로 변경하면서 번호판을 제한했다. 정부의 규제로 화물차의 신규 공급이 억제되자 기존 영업용 번호판의 가치가 상승하여 자연스럽게 지대가 형성되었다. 최근 2~3년 동안 번호판 가격은 꾸준히 올라 소형 화물차 번호판의 경우 1000만 원, 대형 화물차 번호판의 경우 3000만 원 가량에 판매되는 실정이다. 지대추구론으로 보면, 화물연대가 정부를 압박하여 시장에 화물차 공급을 제한하게 함으로써 기존 화물 운송업자가 받는 지대를 높인 것이다. 이처럼 지대추구행위는 이익집단이 정부나 권력집단에 로비를 하여 조직적으로 독점 이윤을 보장받으려는 정치적 행위로 이해되었다.

'관피아'처럼 경쟁이 억제된 공공 영역에서 관료들이 이익집단화되어 로비 등의 부당한 방식으로 사익을 추구하는 지대추구행위에 대한 비판은 정당하다. 그러나 이러한 입장의 맹점은 정부가 사회적 불평등을 해소하기 위해 개입하려는 노력이 결국에는 실패하여 부정적 결과를 초래한다고 신봉하는 것이다. 이들은 시장의 논리나 경쟁의 논리를 따르지 않고 정치적 수단을 통해 소득재분배를 추진한다면, 성장이 불가능해지며 경제가 망가지게 되리라고 믿는다.

지대추구론의 실질적 창시자인 고든 털럭Gordon Tullock은 "우리의 조세 제도는… 특히, 잘 사는 사람들로부터 돈을 빼앗아 그것을 가난한 사람들에게 주는 것은, 우리의 복지 국가가 그렇게 하는 한, 우리의 성장률을 저하시켜 다음 세대를 더 못 살게 만들 것이다"라고 주장했다.[2] 털럭에 의하면, "정부가 힘을 사용할 수 있다는 점 때문에 초래되는 악"인 지대추구행위를 해소하거나 감소하는 방안 중 하나는 "정부의 규모와 증가에 대한 직접적인 제한"이다.[3] 한마디로 가장 작은 정부가 가장 좋은 정부라는 것이다.

이 때문에 정부는 시장에서 손을 떼라, 보이지 않는 손에 맡겨두라고 얘기한다. 하지만 갑과 을 사이에 경쟁이 불가능하게 된 상황이라면 어떨까? 신자유주의자들은 시장에서 갑이 정당한 경쟁을 회피하며 지대추구행위를 하고 있다는 사실을 보지 않으려 하거나 보고도 못 본 체한다. 또한 갑이 어떠한 과정을 통해서 현재의 슈퍼 갑이 되었는지에 대해서도 침묵한다.

세간의 오해와 달리, 신자유주의자의 원조 격인 애덤 스미스는 이러한 기업의 행태를 명확하게 직시했다. 그는 "기업이 정치적 힘을 키워 배타적 특권을 가지려는 본성을 지니고 있고 결국 경쟁을 저해"하리라고 간파하고 공정한 경쟁이 이루어지도록 보장하는 것이 시장경제의 조건이라고 강조했다.[4]

앞으로 내가 책에서 지대추구행위의 대상으로 주로 비판하려는 대상은 공공선택론자들이 비판의 대상으로 삼는 정부가 아니다. 오히려 시장경쟁을 저해하는 갑의 지대추구행위에 초점을 맞춘다. 즉 시장에서 정당한 경쟁을 통해 형성된 가격이 공공의 이익을 증대하도록 하는 대신, 기득권을 지닌 갑이 부당하게 경쟁을 회피하며 특권과 특혜를 증가시키려는 행위를 비판한다. 달리 말해, 나는 지대추구행위를 보다 넓은 의미로 해석하면서 '보이지 않는 손'을 방해하는 '보이지 않는 발'이라고 비유한 E. K. 헌트의 이해를 공유하고자 한다.[5]

하청사회의 갑은 어느 날 갑자기 그 위치에 서게 된 것이 아니다. 갑의 '보이지 않는 발'이 남긴 발자국을 추적해 들어가면 1960년대까지 거슬러 올라간다. 사공영호에 따르면, 1960년대 이후 재벌, 정치인, 관료들이 '지대추구연합'을 형성하면서 우리나라의 경제발전이 이루어졌다.[6] 정부는 재벌을 위해 사실상 마이너스 금리에 해당하는 저렴한 금리를 제공했으며, 각종 규제를 통해 다른 업체의 진입과 경쟁을 억제하는 지원을 아낌없이 해주었다. 이처럼 오늘날 하청사회의 갑인 재벌과 대기업은 오랜 기간 정부에 의지해 막대한 지대를 획득하면서 성장해왔다. 엄청난 규모로 누적된 지대추구행위가 시간의 흐름에 묻혀 지금은 잘 "보이지 않는다"는 것이 문제다.

토지나 토지와 유사한 성격의 영역을 선점한 지대추구행위자는 이 '보이지 않는 발'을 통해서 경쟁자들을 짓밟은 채 사회에 아무런 경제적 가치를 생산하지 않고 단지 이쪽에서 저쪽으로 소득을 옮길 뿐이다. 또한 그 과정에서 독점적으로 지대를 차지하는 데 들인 매몰비용을 회수하려고 하기 때문에 경제적, 사회적 순손실이 발생할 가능성이 커진다.

이 손실의 정도를 경제학 논리로 다음과 같이 분석해볼 수 있다. 예를 들어서 '완전경쟁기업'과 '독점기업'을 비교하여 '독점기업'의 이윤 극대화 과정을 살펴보자. 양자 모두 한계수

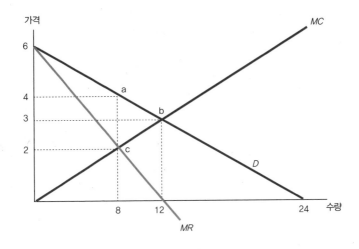

독점기업의 이윤 극대화 과정

입과 한계비용이 일치하는 산출량을 선택할 때 이윤이 극대화된다. 따라서 완전경쟁기업의 한계수입은 시장가격이 된다. 한계수입MR이란 산출량 한 단위를 변화시킬 때 발생하는 총수입의 변화분이다. 이와 반대로 독점기업의 경우에는 한 단위를 추가적으로 변화시킬 때 발생하는 한계수입은 시장수요곡선의 절반에 해당하는 가파른 기울기를 보인다. 즉 독점기업의 한계수입은 항상 시장가격보다 낮게 형성되는 것이다.

위의 표처럼 완전경쟁기업은 12개의 수량을 3의 가격에 판매하지만, 독점기업은 이윤을 남기기 위해 한계비용MC과 한계수입MR이 일치하는 4의 가격에 8개만 공급한다. 독점기업의 경우에는 한계수입이 가격보다 낮으므로 경제적 순손실이 발생한다. 따라서 독점기업은 최대 산출량이 12개가 아닌 8개를 생산할 수밖에 없다. 따라서 경제적 순손실은 삼각형 a-b-c에 해당하는 면적이 된다.

하청사회에서는 0.1퍼센트에 해당하는 대기업인 갑이 99.9퍼센트에 해당하는 중소기업과 자영업인 을의 수요에 대한 공급을 독점하는 상황에 놓여 지대가 형성된다. 이때 하청사회에서 이러한 경제적, 사회적 손실은 불가피하게 일어나고 있다. 중소기업에 일거리를 맡기는 대기업은 독점적 지대를 확보하기 위해 자원이 사회의 적재적소에 분배되어 제효용을 발휘하는 것을 저해하리라고 예상할 수 있다.

이는 예일 대학교 경제학 교수인 마틴 슈빅Martin Shubik이 고안한, 게임이론의 실험 사례인 '함정 게임'(20달러 지폐 경매)으로도 예증된다.

'20달러 지폐'를 놓고 여러 사람이 경매에 참여해 최고입찰가를 제시한 사람이 지폐를 갖는다는 것은 일반적인 경매 방식과 유사하지만, 전혀 다른 규칙이 포함되어 있다. 경매에 참여한 입찰가를 50센트씩만 높일 수 있으며 최고입찰가를 제시한 사람뿐만 아니라 다음으로 높은 입찰가를 제시한 사람도 경매인에게 입찰가를 지급해야 한다는 것이다. 최고입찰가를 부른 사람은 20달러 지폐를 얻지만, 차상위 입찰가를 부른 사람은 아무것도 얻지 못한다. 이 실험의 결과로 경매인은 얼마를 얻었을까?

경매가 시작되면 서로 50센트씩 입찰가를 높이다가 순식간에 최고입찰가와 차상위입찰가의 합이 경매 대상인 20달러를 넘어서게 된다. 최고입찰자가 10달러를 부르고 차상위입찰자가 9.5달러를 부른 상황에서, 차상위입찰자는 10.5달러를 부를 수밖에 없는 것이다. 왜냐하면 거기서 그만두면 9.5달러를 손해 보지만, 10.5달러를 제시해서 경매에서 승리하면 9.5달러의 이익을 얻기 때문이다. 상대 입찰자도 같은 방식으로 사고하므로 11달러로 입찰가를 높여 부른다. 이렇게 해서 20달러를 두고 시작한 경매는 양쪽이 20달러의 배가 훌쩍 넘는 입찰가를 부르고서야 끝이 난다.

노스웨스턴 대학교 심리학 교수 맥스 배저먼Max Bazerman은 경영대학원 수업에서 대학원생들을 상대로 이 경매 실험을 10년 동안 200번 정도 했다. 최종적으로 그는 1만 7000달러를 벌었는데 최고입찰가와 차상위 입찰가의 합이 39달러보다 적은 경

우는 단 한 번도 없었으며 역대 최대 기록은 407달러였다고 한다.[7]

사실 이 함정 게임의 승자는 최고입찰가를 부른 사람이 아니라 경매인이다. 게임처럼 갑이 '20달러 지폐 경매'라는 독점 지대를 형성하고 나머지 을들이 여기에 참여하여 경쟁하면, 최종적으로 막대한 이익은 얻는 쪽은 오로지 갑이다. 지대추구행위가 경쟁의 규범처럼 작동하면 독점적인 지대를 차지하는 갑이 되는 것만이 중요해진다. 갑이 되기 위해서, 그리고 갑이 되고 나서 지대를 독점하고 매몰비용을 회수하는 과정에서 경제적, 사회적 순손실이 발생하게 된다. 갑은 지대추구행위를 통해서 아무런 경제적 가치를 생산하지 않고, 단순히 이쪽에서 저쪽으로 소득의 이전만을 행할 뿐이다.

2

'조물주 위에 건물주':
젠트리피케이션Gentrification

노골적인 지대추구 현상 '젠트리피케이션'

이러한 갑의 지대추구행위가 가장 노골적으로 드러나는 사
회 현상은 '젠트리피케이션'이다. 이를 통해 지대추구행위가
어떤 과정을 거치며 어떤 결과를 초래하는지를 살펴보자. 젠
트리피케이션은 주변부 지역에 문화생산자들이 모여들어 가
치를 생산해 지역이 번성하기 시작하면, 임대료가 인상되어
원주민들이 다른 지역으로 쫓겨나게 되는 현상을 의미한다.
말 그대로 지대가 인상되어 그 지역에 원래 거주하던 사람들
은 손해를 보고 건물 소유주에게 이익이 몰리는 것이다.

고전적 젠트리피케이션은 제2차 세계대전 이후 1960년대
영국 런던과 미국 뉴욕을 비롯한 북반구 지역의 핵심적인 거
대 도시에서 나타난 도시개발 양상에 기초한다. 신현준과 이
기웅은 이 과정을 아래와 같이 네 단계로 분류하여 소개했다.[8]

1단계	위험을 무릅쓰는 소수의 선구자 젠트리파이어pioneer gentrifier들이 노동계급 및 하층민 거주지역으로 이주하여 주거 개량을 시작함.
2단계	선구자 젠트리파이어의 주거 개량이 확산되면서 비슷한 사회경제적 배경을 지닌 중산층의 관심을 끌게 됨. 이에 따라 부동산 투자가 점차 증가하고 구주민의 전치(기존 거주자가 쫓겨나고 밀려나는 과정)가 발생함.
3단계	대중매체가 지역에 관심을 기울이면서 대형 개발업자가 진입하고 부동산 가격 및 임대료가 상승함. 노동계급 및 하층민 전치가 본격화되고 새로 이주한 중간계급에 의한 환경미화가 눈에 띄게 진행됨.
4단계	부동산 투자 급증과 원래의 지역 주변에 신규 주거 공간 건설이 가속화됨. 부동산 시장의 논리가 지배함에 따라 선구자 젠트리파이어들은 영향력과 관심을 잃고 다른 곳으로 옮겨감.

이 젠트리피케이션은 우리나라에서도 그대로 반복된다. 일례로 대학로를 중심으로 자리 잡았던 연극계는 젠트리피케이션 현상으로 상황이 열악해졌다. 대학로극장이 2015년 4월에 폐관했으며 그 외에도 임대료 문제 등으로 사라진 극장은 학전그린 등 무려 14개에 달한다. 대학로의 임대료가 급격하게 인상된 원인에 대해 연극인들은 서울시가 대학로 일대를 문화지구(2004년 5월 8일에 종로구 동숭동, 이화동, 명륜동 2가와 4가, 연건동, 혜화동을 포함하는 지역에서 민간(소)공연장을 보호하고 육성하며 공연중심의 문화 공간 조성을 목표)로 지정한 일이었다고 입을 모은다.

서울시는 문화지구에 공연장을 신설할 경우 조세 감면, 융자지원 등의 혜택을 주었다. 대학로의 문화적 가치를 보호하고 육성하려는 목적이었다. 2004년 문화지구로 지정한 이후 대학로에는 공연장이 두 배(공연장 수는 52개에서 2015년 현재 181개로 늘어남) 이상 급증했다. 그러나 문화지구 지정에 따른 혜택은 연극인들이 아니라 건물주에게 돌아갔다. 자본을 가진 기업들이 혜택을 받고 대학로로 진출하면서 땅값과 임대료 상승을 부채질했다. 대학들도 대학로에 공연 시설을 포함한 건물을 짓고 극장을 빌려주는 대관사업을 하고 있다. 반면 건물을 지을 자본이 없는 가난한 연극인들은 임대료와 대관료 상승으로 큰 위기에 봉착했다.

나는 〈정책목표의 모순적 절충의 인과지도〉라는 연구논문에서 대학로에서 발생한 젠트리피케이션 현상을 다음과 같이 정리했다.

대학로 문화지구지정 이후의 대학로 상황의 변화가 있다. 2004년 대학로가 문화지구로 선정된 이후, 땅값 상승으로 인해 소극장과 극단들은 감당할 수 없는 수준이 되었다. 이에 따라 대학로에서는 돈이 되는 뮤지컬과 코미디들이 공연되고 있다. 결국 순수 정극들은 자리를 잃고 대학로도 고유의 빛을 점차 잃어가고 있다. 문화 다양화를 목적으로 서울시가 대학로를 문화지구로 지정한 결과 다양화가 위기를 맞게 된 것이다. 문화지구 지정을 하면서 권장시설 용도 부동산 취득시 조세 감면과 권장시설 건물 소유자와 권장시설 운영자에게 융자지원 등의 유도책을 내세웠지만 실제 극장 수는 늘어났지만 재력이 있는 건물주가 많이 등장하면서 오히려 대관료가 상승하게 되었다. 문화지구에 대한 기대와 함께 상승한 지대와 임대료는 땅값 폭등(1000만 원에서 2000만 원으로 땅값 상승)으로 이어져 임대료 및 대관료를 상승시켜 뮤지컬, 코미디 등 상업적 공연만을 하게 되어 결국 실험적인 정극은 감소하여 결국 문화의 다양성은 오히려 줄어드는 결과를 초래하게 되었다.[9]

'문화지구'란 특정 문화자원이 밀집한 지역을 뜻하는 용어다. 우리나라에는 2000년에 개정된 〈문화예술진흥법〉을 통해 최초로 도입되었다. 특정 지역을 문화지구로 설정하는 취지는 시장 경쟁 상태에서는 보존하기 힘든 문화자원을 도시계획적 차원에서 밀집시키고 보존하는 데 있다. 우리나라에서는 2002년에 인사동이 문화지구로 지정된 게 시초다.

그런데 대학로의 문화지구 지정은 역설적으로 젠트리피케이션 현상을 초래했다. 문화지구를 지정하면서 지대(임대료)

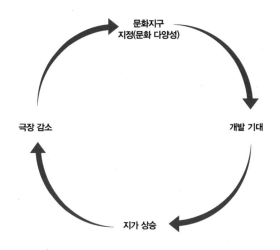

문화지구 지정(문화 다양성)

개발 기대

지가 상승

극장 감소

인상이 일어나고 상업성이 짙은 문화만 남아 문화적 다양성을 보존한다는 본래의 취지가 무색해졌다. 공연예술인들이 높아진 임대료가 부담스러워서 다양한 실험적 공연에 도전하기보다는 안정적인 수익이 보장되는 상업적 공연을 선호하게 된 것이다.

김연진도 〈문화지구의 문제점과 개선방향〉에서 문화지구가 초래한 젠트리피케이션의 문제점을 지적한다.[10] 인사동과 대학로 등 상업화가 진행 중인 문화지구의 경우, 권장 시설이 지가 상승을 이기지 못하고 임대료가 저렴한 곳으로 이탈하거나 업종과 업태가 불일치하는 현상이 발생하고 있다. 전통문화를

문화지구 지정 현황

문화지구명	지정일시	지정사유	면적
인사동	2002.4.24	인사동 문화시설 및 문화업종 등의 보존·육성을 통해 역사문화자원의 관리·보호와 문화 환경의 계획적 조성 도모	175,743m²
대학로	2004.5.8	우리나라의 대표적인 공연문화 산실로서 대학로 보존, 지역 내 밀집한 (소)공연장의 보호·육성 및 이를 통한 다양한 연극창출, 문화예술 공간으로서 지역발전 유도 및 지역 활성화, 다양한 문화예술 활동 창출 및 문화공간화를 위하여 조성	446,569m²
헤이리	2009.2.6	지구 내 문화시설 및 문화업종 등의 보존·육성을 통한 문화자원의 관리·보호와 문화 환경의 계획적 조성	505,891m²
인천개항장	2010.2.1	인천의 역사성과 장소성을 대표하는 인천 개항장의 독특한 다국적 도시경관과 근대건축물 등 자산을 지역특화산업으로 육성·지원하여 경제 활성화 및 환황해권의 대표적인 국제 개항문화 체험도시로의 발전을 위해 지정	537,114m²
제주 저지 문화예술인마을	2010.3.8	저지예술인마을의 유지·보존과 문화환경 조성을 통한 문화예술 거점 및 활성화를 통한 지역특화 발전 도모	325,100m²

보존하려고 인사동을 문화지구로 지정했지만, 현재 인사동 문화지구 안에서 유통되는 공예품의 대부분은 저가의 중국산 제품이다.

문화지구를 비롯하여 홍익대 인근, 망원동, 상수동, 경리단길, 삼청동, 신사동 가로수길 등에서도 비슷한 현상이 벌어지고 있다. 이런 젠트리피케이션이 발생하는 과정을 다음과 같이 정리할 수 있다.

먼저 월세 형태로 거주하는 초기 원주민들이 임대료가 저렴하고 교통이 괜찮은 곳을 찾아서 분위기 좋은 공연장, 갤러리, 카페, 식당 등을 설립하고 장사를 시작한다.

→ 입소문을 통해 유명해진 이곳에 사람들이 몰려든다.

→ 미디어를 통해 더 유명해지고 더 많은 사람이 몰려온다.

→ 땅값과 보증금, 임대료와 권리금 등이 상승한다.

→ 상승한 지대를 감당하지 못하는 임차인인 초기 원주민들이 변두리로 밀려난다.

→ 지대의 주인들 혹은 거대 상권을 장악할 만한 자본을 지닌 대기업들만 남는다.

도시의 노후 지역이 재생되어 사람들이 다시 몰려드는 현상은 자연스러운 도시 변천 과정에 속한다고 볼 수 있다. 다만 서울에서는 그 속도가 너무 빠른 것이 문제다. 홍대나 대학로의 경우 이 과정이 20년 정도의 시간을 두고 서서히 이뤄졌지만, 최근에는 5~6년 정도의 짧은 주기로 일어나고 있다. 자연스럽게 지대가 형성되던 예전과 달리, 최근 유행하는 젠트리피케이션 현상은 투기의 성격이 강한 외부인들이 개입하여 더 빨리 지대를 독점하려는 욕심이 빚은 결과다. 지대추구자들은 더 많은 임대료 수익을 기대하기 때문에 기존의 거주자들은 외부로 빠져나가게 되고, 비싼 임대료 탓에 새로운 임차인들이 들어오지 않아 발생하는 '공동화 현상'도 비일비재하다.

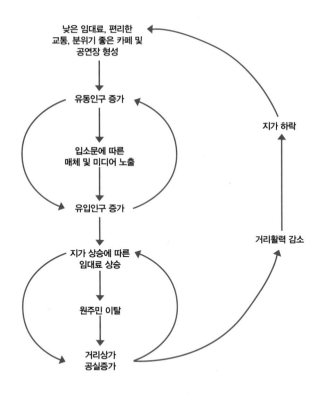

지대추구와 관련한 젠트리피케이션의 사례를 정리하면, 표처럼 선순환이 악순환으로 전환되는 과정으로 볼 수 있다. 새로운 지역이 재생되면 유동인구와 유입인구의 증가라는 선순환을 일으키고 그 여파로 해당 지역의 모든 자원이 희소성을 띠게 된다.

첫 번째 선순환 과정에서 지대추구자들이 이 지역으로 몰려든다. 기존 지대 주인을 포함하여 외부에서 들어온 투기 성향의 지대추구자들이 지대를 계속해서 상승시킨다. 지가 상승에 따른 임대료 상승으로 인하여 저렴한 주거비 때문에 들어왔던 원주민들은 높아진 지대(임대료 같은 주거비)를 감당할 수 없어 도외지로 밀려난다. 그와 동시에 빠져나간 원주민들이 살던 상가나 주택의 공실이 늘어난다. 결과적으로 지역 거리의 활력이 점차 사라져 기존의 원주민이나 그들에게 지대를 받던 지대추구자 모두 피해를 보게 된다.

표에서 첫 번째 원은 선순환이지만, 두 번째 원은 악순환이다. 최근 첫 번째 선순환이 비교적 단기적으로 발생하고 있다. 부동산 정보가 예전에 비해 훨씬 빨리 공개되고 널리 공유되어 가속도가 붙는 것이다. 속도가 빠른 만큼 그 이후 악순환으로 발생하는 원주민 이탈 문제가 사회문제로 비화한다.

부동산이라는 지대를 추구하는 사람들이 늘어난 결과 젠트리피케이션이 발생한다. 우리나라의 젠트리피케이션 현상이야말로 힘을 들이지 않고 독점적으로 이익을 도모하는 주체들이 움직인 결과라고 할 수 있다.

《한겨레신문》은 서울에서 '뜨는 동네'인 상수동과 연남동의 등기부등본 331건을 떼어 젠트리피케이션 현상의 근본적 원인을 분석하는 기사를 보도했다.[11] 음식점으로 이용 중인 건물의 등기부등본 183건으로 상수 지역 상권을 분석한 결과, 건물에 설정된 은행 근저당 총액이 2015년을 기준으로 1251억 원에 이르렀다. 이는 2012년(781억 원) 이후 3년 만에 무려 60.2퍼센트나 늘어난 것으로, 2006년(487억 원)에서 2012년까지의 증가 속도에 견주면 2배의 속도다. 이 지역의 젠트리피케이션은 2008년 금융위기 이후 부동산 자본이 아파트에서 상가건물 쪽으로 눈을 돌리면서 나타난 결과로 분석되었다. 부동산 투자를 고민하던 이들이 아파트의 대안이 되는 상품을 찾다가 저성장, 저금리 시대의 상가건물이 임대료라는 현금 흐름을 창출하는 보기 드문 상품임을 발견한 것이다.

우리 사회에서 젠트리피케이션 현상은 지대추구의 학습화로 인한 개인 활동 사이에 일어나는 미시적 결과의 전형이라고 할 수 있다. 임대료를 챙기는 갑들은 사실상 그곳의 가치를 높이는 어떠한 생산 활동도 하지 않는다. 그들은 단지 그 지역의 지대를 소유하는 사람일 뿐이다. 진정한 문제는 지대추구행위가 사회적으로 학습된다는 사실이다. 부동산 투기세력뿐만이 아니라 일반인도 이러한 지대의 주인이 되려고 한다. 초등학생의 유력한 장래희망이 '임대업자'라든가,[12] "조물주 위에 건물주"라는 말이 회자하는 현실을 보면 지대추구가 사람들의 일상생활 속에 널리 퍼져 있음을 알 수 있다. 달리 말하면 일반 사람들도 지대라는 불로소득의 원천이 존재한다는 사실을 학습하고 이를 추구하려는 경향이 있는 것이다.

3

사회학습적 지대추구행위:
지대추구행위의 확산

하청사회의 다른 이름은 '지대추구사회'다. 하청사회는 학습화, 일상화된 지대추구행위라는 문화적 토양 속에 뿌리내린다. 한국 사회에서 지대추구행위가 사회적으로 학습되고 일상적으로 반복된 결과, 지대추구행위는 자연스럽게 일종의 삶의 방식으로 인식되며 일상생활의 일부로 스며들었다.

지대추구행위는 일상생활과 언어습관 속에서 실천적 행위의 방식으로 드러난다. 이와 같은 관점에서 사공영호는 지대추구행위를 실천적·전체론적 관점에서 재규정한다.[13] 일상에서 힘을 들이지 않고서 독점적으로 이익을 도모하는 방식이 하나의 규범처럼 작동한다. 건물주들의 월세 인상 담합으로 인하여 사회문제가 되고 있는 젠트리피케이션 현상, 나이가 기득권이 되어버린 세대 갈등의 심화, 대기업의 골목상권 진출, 낙하산 인사(전관예우) 등 사회 전 영역에서 경쟁을 없애고 독점을 유지하려는 지대추구행위를 어렵지 않게 발견할 수 있다. 다음 표에는 사공영호가 제시한 지대추구의 다양한 사례가 분석되어 있다.[14]

한국사회에서 일상화된 사회학습적 지대추구행위는 다음과 같은 양상을 보인다. 지대추구의 대상이 되는 지대가 유형(땅, 건물)에서 무형(인지도, 기득권 등)으로 확장되며, 지대추구의 주체가 집단이나 세력에서 일반 개인으로 확산된다. 사회학습적 지대추구자는 대개 인지도나 기득권이 높은 사람 또는 집단이며, 기존의 전문 영역을 벗어나 정당한 노력 없이 새로운 비전

지대추구행위에 대한 일상언어적 이해

추구대상 또는 추구방법에 대한 일상적 이해	지대추구적 행위들
추구대상: 철밥통, 기득권, 기득권 대물림 추구방법: 정치적 영향력, 우월적 지위 이용	• 의사, 약사, 건축사, 변리사 등 자격사 진입규제, 가격규제 • 건설업, 운송업, 정보통신업 등 각종 산업의 진입규제 • 교사, 교수들의 능력과 상관없는 정년보장 • 공기업의 민영화 거부, 정년보장 • 교단 및 종단권력을 둘러싼 갈등 • 전관예우, 변호사 및 법무사 진입규제 • 노동조합원의 임금지대추구, 무노동임금 • 교회를 자녀에게 상속, 교회의 재산을 사유재산화
추구대상: 전관예우, 낙하산특혜, 권력(관치금융), 뇌물, 노예계약, 기득권, 회삿돈 빼돌리기 추구방법: 우월적 지위·정보 이용 불공정 행위, 불공정 약관	• 퇴직 후 산하 및 관련 기업취업, 정년보장 • 낙하산 인사 • 뇌물수수, 권한남용 • 경영진의 권력을 이용한 뇌물수수 및 비리 • 노조의 자녀, 친인척 취업우대 요구 • 하도급관련 불공정행위 ... • 특혜성 정책(신공항, 공공기관 이전) 등
추구대상: 눈먼돈, 쌈짓돈, 보조금 추구방법: 빼돌리기, 부정수급	• 노약자 및 무상 의료보험 과다수급 • 실업급여 부정수급 • 병의원 보험료 부정수급 • 어린이집 등의 각종 보조금의 부정수급 • 어린이집 보조금 부정수급 • 농업보조금 부정수급 ... • 정부보조금으로 생존하는 시민단체 등
추구대상: 공유, 타인 소유물의 자의적 이용 추구방법: 무단점용	• 골목길 사유주차장화 • 국유재산 무단점용 • 노점상, 고속도로휴게소 내 무단영업

문 영역으로 세를 확장하려는 습성이 있다. 빅데이터나 인공지능 기술 같은 첨단 기술로 새로운 지대추구 영역을 확보하려는 현상도 엿보인다.

인공지능과 같은 첨단 기술 담론을 통한 지대추구행위는 노동계와 관련이 있기 때문에 특히 주목할 필요가 있다. 2016년 구글의 인공지능 알파고가 이세돌과 겨룬 다섯 번의 바둑 경기에서 4:1의 성적으로 완승을 거두었다. 구글은 알파고의 승리 덕분에 시가총액이 58조 원 가량 증가했다. 동시에 한국뿐만 아니라 전 세계적으로 인공지능 열풍이 불어닥쳤다.

구글은 대표적인 검색 엔진 기업이자 디지털 혁신의 선두주자로서 자리매김해왔다. 그러나 구글 인공지능 프로젝트가 구글 글래스나 로보틱스의 경우처럼, 실용화되지 않은 기술을 화려하게 홍보한 이후에 성능이 떨어지는 제품을 출시하거나 아니면 아예 출시를 지연하다가 결국 증발해버리는 '베이퍼웨어'vaporware로 전락할 위험이 없지 않다. 구글이 목표로 삼는 인공지능으로 발전하더라도 상용화까지는 예정 기한보다 늦어질 가능성도 크다.

우리가 인공지능 열풍을 지대추구행위와 관련지어 유의해야 하는 까닭은 정부의 자원배분에 첨단 기술이 엄청난 영향을 미치기 때문이다. 실제로 알파고 열풍이 전 세계를 휩쓴 이후 얼마 지나지 않아 미래창조과학부는 '지능정보산업 발전전략'을 통해 5년(2016~2020)간 총 1조 원을 연구개발, 전문인력 확충, 데이터 인프라, 산업 생태계, 융합산업 육성 등에 투자하겠다는 계획을 발표했다. 그리고 민·관이 함께 국가 연구 역량과 데이터를 하나로 결집할 기업형 연구소 형태의 지능정보기술 연구소를 세우겠다고 했다.

이처럼 한국 사회가 첨단 기술 담론에 사로잡혀 불확실한 전망을 지닌 인공지능 열풍에 편승하게 되면 국가의 자원배분이 새로운 기술에 편중되어 인위적 지대가 형성되기 쉽다. 그러나 구글같이 자본력을 앞세운 글로벌 기업이 쌓아가는 독점적 지대 영역의 확장 시도를 제어할 만한 제도적 장치는 미흡한 형편이다. 반복을 무릅쓰고 거듭 강조하지만, 지대형성이나 지대추구행위와 직결되어 있는 '인공지능' '4차 산업혁명' 등 첨단 기술 담론에 특별히 주의를 기울여야 한다.

구글 엔그램 뷰어에 '정보기술' '신자유주의' '케인스주의'라는 핵심어를 넣어 검색해보면 첨단 기술 담론과 하청사회의 연관성을 파악할 수 있다. 먼저 구글 엔그램 뷰어에서 '정보기술'이라는 단어를 조회하면 1980년대 이후에 빈도가 급격히 증가했음을 확인할 수 있다.

첨단 산업의 산물인 '정보기술'이 부상할 무렵, 신자유주의 사상은 수정자본주의인 케인스주의를 밀어내고 유행하기 시작했다. 신자유주의자들의 이론적 근거 중 하나였던 지대추구론의 강조점은 시장의 자유로운 활동을 보장하고 독려하는 작은 정부에 있었다. 1980년대를 기준으로 신자유주의는 급속도

'정보기술'로 검색한 결과

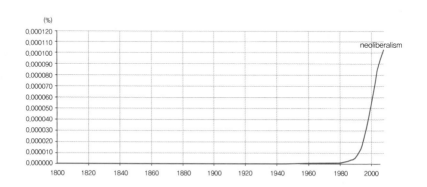

'신자유주의'로 검색한 결과

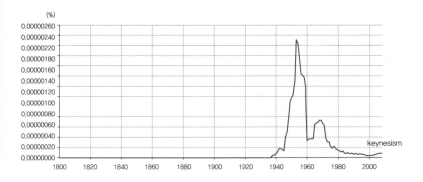

(%)

keynesism

'케인스주의'로 검색한 결과

로 상승 기류를 타고 케인스주의는 하강 기류를 타는 상반된 경향을 볼 수 있다.

거시적으로 보면, '정보기술'의 발달과 더불어 국가의 개입을 최소화하면서 시장에 기반을 둔 자유경쟁을 주창하는 신자유주의 기조가 전 세계적으로 대세를 이루기 시작했다. 이는 미시적으로 기업 간, 개인 간에 무한경쟁이라는 흐름을 불러왔다. 신자유주의의 영향이 커지면서 성공이나 실패가 개인의 책임으로 귀결되고, 국가나 공공 영역에서조차 개인이나 기업에게 책임을 떠넘기는 형태가 점차 자리를 잡았다.

새로운 지대 영역을 형성하기 위한 첨단 기술 담론, 그리고 개인화와 시장화를 강조하는 신자유주의 사상이 주류를 이루면서 균열일터Fissured Workplace, 즉 노동의 외주화 현상은 전 세계적으로 급속도로 퍼져나갔고 한국 사회에도 깊게 뿌리를 내렸다.

지대 영역 확장에 정보기술과 매체가 가세하면서 일터의 외주화 현상은 더욱 심화되고 있다. 다음 장에서는 첨단 기술 그리고 이를 둘러싼 담론과 맞물려 나타나는 하청사회의 대표적 현상인 외주화 문제를 살펴보고자 한다.

3

지속가능한 갑질의 조건2:
외주화 Outsourcing

갑의 지대추구행위로 하청사회는 존립한다. 하지만 그
것만으로는 하청사회가 성립하지 못한다. 하청사회가 지속적
으로 작동하기 위해서는 법의 테두리를 넘나드는 갑의 지대추
구행위가 지속적으로 은폐되어야 하며, 법의 테두리 안에서 정
당화된 갑의 지대도 지속적으로 보존되어야 한다. 달리 말하
면, 제도화를 통해 갑의 권력과 책임은 최소한으로 감추되, 계
속해서 을의 능력과 자유는 최대한 도드라지게 만들어야 한다.

외주화는 법을 회피하기보다는 회유하고 이용하는 방법이
다. 지대추구행위가 위법과 불법의 경계를 아슬아슬하게 줄타
기하며 갑의 이익을 극대화하는 방식이라면, '외주' 또는 '하
청'이라는 제도는 적법과 편법의 안전한 영토 안에서 갑의 손

실을 극소화하는 방식이다. 이것은 갑이 마주한 다양한 위험을 을에게 떠안기는 결과로 이어진다. 외주화는 처음부터 끝까지 '위험의 외주화'다.

외주화는 하청사회에서 갑이 을을 딛고 서서 우위를 유지하는 가시적 장치다. 개인에 불과한 을로서는 법률과 제도를 보지 못하는 것이 아니라 그것이 너무 복잡하고 모호해서 이용하지 못한다. 을이 '을들'로 뭉쳐 힘과 뜻을 모으지 않는 한, 을 혼자서는 갑과 대등한 협상을 할 수 있는 자리에 앉을 수 없다. 갑에게 맞서는 행위는 마치 법률과 제도에 맞서는 일처럼 버겁게 느껴진다.

하지만 '을들'이 법률과 제도 사이에 자신의 숨결을 불어넣기 시작한다면, 과연 갑이 하청사회를 현 상태 그대로 유지할 수 있을까? 현재와 같은 양극화를 조금이라도 완화하고 개선하기 위해서는 개인으로 쪼개어져 균열된 일터에 홀로 남은 을들이 외주 또는 하청이라는 제도를 직시하고 그 너머에서 동시대를 함께 살아가는 또 다른 '을들'을 발견하고 손잡지 않으면 안 된다. 외주화라는 하청사회의 두 번째 장치를 살펴보는 까닭은 갑질이 불가능해질 지점에 도달하기 위한 첫걸음이기 때문이다.

1

외주 권하는 사회

하청 또는 외주는 갑과 을을 제도적으로 연결하는 끈이다. 원청업체는 하청업체에 재화와 서비스의 일부 혹은 전부를 의뢰하고 을은 이를 공급한다. 원칙적으로 원청과 하청은 위아래가 없는 상호 협력 관계다. 하지만 실제적으로 갑과 을 사이에는 수직적 위계 관계가 형성된다. 발주하는 원청업체는 적은 데 반해 수주를 두고 경쟁하는 하청업체가 매우 많기 때문에 원청업체는 독점적 지대를 향유하며 갑이라는 압도적 우위에 서게된다. 갑은 종종 외주라는 제도를 활용해서 을의 목을 쥔다.

갑이 우월한 지위를 이용하거나 남용하여 손해나 위험을 회피하고 이를 을에게 떠넘기는 행태를 총체적으로 '불공정 하도급거래'라고 일컫는다. 갑은 법의 테두리 안에서 혹은 법의 허점을 이용하여 숨거나 솜방망이 처벌을 감수하면서 불공정 거래를 맺는다. 그러므로 갑의 불공정성을 따질 법률을 제정하는 일이 사후적인 조치에 불과한 사례가 빈번하다. 그러나 그조차 제대로 이루어지지 않는 경우가 허다하다.

하청사회는 이런 방식으로 갑의 외주를 부추기고 유지한다.

이 사회가 변화의 흐름을 따라잡는 법률을 신속하게 재정비해서 갑이 공정성을 지키도록 한계 짓는 역할을 제대로 해내지 못한다면, 갑은 더욱 기민하고 악랄하게 외주화를 활용하여 을을 착취할 것이다. 갑을관계의 위계와 격차를 유지한 채 그저 외주를 권하는 사회, 허술한 법으로 갑의 불공정성을 방치하며 하청을 도리어 부추기는 사회, 이것이 바로 하청사회의 진정한 실체이다.

위험의 외주화

산업안전보건대상(무재해 실적이 뛰어나고 근로자 복지, 노사관계, 환경문제 등에서 우수한 사업장에게 수여하는 상)을 받은 대기업들이 있다. 그런데 산업재해 통계는 대기업 원청자가 아닌 이들의 하청업체의 산재사고로 들어간다. 원청업체의 산재사고는 줄지만 하청노동자의 산재사망률은 증가하게 되는 셈이다. 이런 이유로 원청업체에서는 산재사고를 줄이기 위한 실제적인 노력을 하지 않게 된다.

예를 들어 건설 현장의 외주와 관련하여 고용보험 및 산재보험의 하수급인사업주인정승인제도가 있다. 고용보험법은 도급공사와 관련된 현장에 대해 피보험 자격에 관한 신고 사항을 규정한다. 고용보험법 제15조 2항은 "보험료징수법 제9조에 따라 원수급인이 사업주로 된 경우에 그 사업에 종사하는 근로자 중 원수급인이 고용하는 근로자 외의 근로자에 대하여는 그 근로자를 고용하는 다음 각 호의 하수급인이 제1항에 따른 신고를 하여야 한다. 이 경우 원수급인은 고용노동부령으로 정하는 바에 따라 하수급인에 관한 자료를 고용노동부장관에게 제출하여야 한다"라고 명시하고 있다.

보험료징수법 제9조에도 "고용보험 및 산업재해보상보험 관련 건설업 등 대통령령으로 정하는 사업이 여러 차례의 도급에 의하여 시행되는 경우에는 그 원수급인을 이 법을 적용받는 사업주로 본다"라고 해서 기본적으로 발주자로부터 원도급을 받은 사업자가 산재보험 및 고용보험을 가입할 의무의 주체가 된다. 즉 고용보험과 관련해서는 건설 현장의 피보험 자격에 관한 신고 의무는 원수급인에게 있고, 산업재해보상보험과 관련해서는 산업재해가 발생하면 하수급인의 소속 근로자가 업무상 사고를 당해도 원수급인이 산업재해 책임을 진다는 것이다.

그런데 보험료징수법 제9조 1항 단서에 "대통령령으로 정하는 바에 따라 근로복지공단의 승인을 받은 경우에는 하수급인을 이 법을 적용받는 사업주로 본다"라는 규정이 있다. 보험료징수법 제6조에 근거하여, 건설산업기본법, 주택법, 전기공사업법, 정보통신공사업법, 소방시설공사업법, 문화재보호법의 건설면허가 있는 원수급인은 일정 요건에 해당하면 외주공사에 대한 부분을 하수급인(하도급업자)에게 산재보험과 고용보험의 의무를 전가할 수 있다는 뜻이다. 물론 이러한 하수급인이 하도급 공사에 대한 원수급인의 자격을 얻기 위해서는 여러 가지 요건을 갖추어야 했다.

고용보험의 경우 하도급공사의 공사금액이 6억 원 이상이어야 하고, 산재보험의 경우 하도급공사금액이 1억 원 이상이어야 했다. 고용보험 및 산재보험 모두 원수급인이 보험료에 대하여 하수급인과 명확하게 책임을 질 의무를 지웠다. 원수급인이 하수급인의 보험료 미납부에 대하여 연대하여 책임을 진다는 서약서나 각서를 제출하게 한 요건은 건설공사에 대한 외주를 쉽게 할 수 없게 한 노력이 드러나는 부분이었다. 또한 근로복지공단은 하수급인인 보험가입자가 법에 의한 의무를 이행하지 아니하거나 보험관계를 유지할 수 없다고 인정될 때에는 승인을 취소할 수 있었다.

그런데 문제는 이러한 건설공사의 외주에 대한 여러 요건을

2006년 이후 대폭 완화한 것이다. 하수급인이 사업주 인정을 위한 신청을 할 때 하도급계약서 사본과 보험료 납부 인수에 관한 서면계약서만 갖추면 가능해졌다. 종전의 하도급공사금액의 요건이나 원수급인이 하수급인의 보험료 미납부에 연대하여 책임진다는 각서 같은 요건이 없어진 것이다. 이 때문에 외주공사에 대한 규모를 따지지 않고, 원수급인과 하수급인 간의 보험료에 대한 연대 책임을 하수급인에게 전가하는 결과를 낳았다. 근로복지공단에서 하수급인사업주인정승인을 받은 하도급업자 소속 근로자가 산업재해를 당하면 해당 근로자의 산재 처리는 하수급인이 책임을 지기 때문에 해당 공사의 원청인 원수급인 관점에서는 무재해로 간주되는 셈이다.

모든 법과 제도의 변천은 그 시대의 정신을 반영하려는 노력으로 이루어진다고 볼 수 있다. 그런데 고용보험 및 산업재해보상보험과 관련해 현재 하수급인사업주인정승인제도는 원수급인이 발주자로부터 첫 도급을 받은 부분에 대해 일정 부분 의무적으로 시공해야 한다는 규정이라든지 원수급인과 하수급인 간의 관계를 제한하는 조항조차 없다. 원수급인이 자회사나 계열사인 하수급인에게 외주를 몰아주어도 규제할 근거가 없는 것이다. 다음 표는 관계 법률 규정의 개정 전과 후

고용보험법 시행규칙 제8조의2	산업재해보상보험 시행규칙 제6조
건설업	**건설업**
가. 하수급인이 건설산업기본법에 의한 건설업자, 주택건설촉진법에 의한 주택건설사업자, 전기공사업법에 의한 공사업자 또는 전기통신공사업법에 의한 공사업자일 것	가. 사업주가 건설산업기본법에 의한 건설면허를 받거나 등록을 한 자일 것
나. 하수급공사의 공사금액이 6억 원 이상일 것	나. 하도급공사의 도급공사금액이 1억 원 이상일 것
다. 원수급인이 당해사업의 보험료를 보고·납부하지 아니하고 그 보고·납부기한을 초과하지 아니하였을 것	다. 원수급인이 당해 보험료를 납부하지 아니하였을 것
라. 원수급인과 하수급인 간에 보험료 납부의 인수에 관한 서면계약을 체결하였을 것	라. 원수급인과 하수급인 간에 보험료 납부의 인수에 관한 서면계약을 체결할 것
마. 원수급인이 하수급인의 보험 미납부에 대하여 연대하여 책임을 진다는 서약서를 제출할 것	마. 원수급인이 하수급인의 보험료 미납부에 연대하여 책임을 진다는 각서를 제출할 것
바. 하수급인의 사업이 보험료·실업급여 및 지원금 등의 산정기초가 되는 임금을 산정할 수 있을 것	바. 하수급인의 사업이 보험료 및 보험급여의 산정기초가 되는 임금을 산정할 수 있을 것

건설업
가. 도급계약서 사본
나. 보험료 납부 인수에 관한 서면계약서

를 나타낸 것이다.

　고용보험 및 산업재해보상보험법과 관련한 하수급인사업주 승인신청제도를 건설 현장의 예를 들어 설명해보겠다. A업체로부터 B라는 시공사가 73억짜리 신축공사의 원도급을 받았다고 하자. 앞서 언급한 보험료징수법 제9조는, 고용보험 및 산업재해보상보험과 관련하여 건설업 등 대통령령으로 정하는 사업이 여러 차례의 도급에 의하여 시행되는 경우에는 그 원수급인을 이 법을 적용받는 사업주로 본다. 즉 건설 현장 근로자에 대한 노무관리 및 산업재해 사고처리 등의 책임이 발주자로부터 첫 도급을 받은 원수급인에게 있다는 말이다. 그러므로 공사금액이 73억인 신축공사를 도급받은 원수급인이 근로복지공단에 신고하여 고용보험 및 산업재해보상보험 모두 승인을 받으면 해당 공사(하도급 공사)에 대해서는 원수급인의 책임에서 벗어나게 된다.

실제로 73억짜리 신축공사를 도급받은 원수급인은 신축공사의 철근콘크리트공사, 철골공사, 금속창호공사, 수장공사, 판넬공사, 도장공사, 습식공사, 설비/소방공사, 도시가스배관공사, 전기공사 등 총 55억 원에 해당하는 공정을 각 업체에 외주를 준다. 공사금액의 약 75퍼센트에 해당하는 공정이 외주로 처리되는 것이다. 이로써 현장에서 발생하는 산업재해처리나 근로자 노무관리는 외주를 받은 해당업체로 책임이 전가된다. 원수급인 입장에서는 수주 실적을 올릴 뿐 아니라 외부에서 보기에는 무재해 사업장으로 보일 수 있다. 그 결과 대기업은 산재보험료를 할인받게 된다.

국회 환경노동위원회 소속 강병원 더불어민주당 의원이 고용노동부로부터 받은 〈개별실적요율제 적용 산재보험료 감면 현황〉 자료에 따르면, 2015년 30대 기업은 1722개 사업장에서 총 4981억 원의 산재보험료를 감면받았다. 개별실적요율제는 고용보험 및 산업재해보상보험의 보험료징수 등에 관한 법률 제15조 2항에 따라 3년 동안 산재보험료에 대한 산재보험급여 금액의 비율이 대통령령으로 정하는 비율에 해당하는 경우 산재보험료율의 100분의 50 범위에서 사업 규모를 고려하여 대통령령으로 정하는 바에 따라 인상하거나 인하한 비율을 그 사업에 대한 산재보험료율로 할 수 있다. 이는 자동차보험처럼 사고 유무에 따라 보험료율을 차등하게 적용하는 민영보험의 요소를 가미하여 사업장으로 하여금 산재 발생의 여지를 방지하도록 하는 취지를 담은 제도라고 할 수 있다. 그러나 취지와 달리 산재보험료 감면 혜택을 받기 위해 산업재해 자체를 외주업체로 떠넘기는 관행을 부추겼다. 외주나 도급을 받는 하청업체 입장에서는 갑을관계 유지를 위해 이미 발생한 산재마저 원도급업체에 고지하지 않고 숨기는 악성적인 관행을 낳는다.

《한겨레신문》 2016년 6월 26일자 기사 〈'죽기 전까지는'···
산재를 숨겨라〉에 따르면, 제조업 강국인 독일의 산재율은
2.65퍼센트(2011년 기준)이다. 이에 반해 우리나라는 2011년
기준 산재율이 0.65퍼센트에 불과했다. 통계로만 보면 독일
보다 노동환경이 더 안전한 셈이다. 하지만 산재로 인한 사망
률은 독인이 10만 명당 1.7명인데 반해 우리나라는 7.9명이었
다. 일하다가 다치거나 아픈 노동자는 독일의 4분의 1 수준인
데, 죽는 노동자는 4배나 많은 것이다. OECD 평균과 비교해
도 2013년 기준 우리나라 산재율은 0.59퍼센트로 전체 평균
(2.7%)에 한참 못 미치지만, 산재사망률은 10만 명당 6.8명으
로 압도적 1위였다.[1]

이 통계 자료의 비밀은 은폐된 산재에서 풀어야 한다. 산재
발생의 책임 소재가 원청과 하청 간의 연대가 아니라 일거리
를 받은 하청에게 있기 때문이다. 하청업체의 상황상 산재 은
폐를 처벌하는 것만으로는 실효성 있는 변화를 기대하기 어렵
다. 그러므로 정부가 재해율 낮추기가 아니라 산재를 발굴해
보상하는 방향으로 정책 목표를 바꿀 필요가 있다.

선공사 후정산 방식의 외주

관행이라는 이름으로 을의 희생을 유도하는 갑의 또 다른 외주화 전략 중 하나는 '선공사 후정산 방식'이라는 형태다. 이는 하청업체가 원청업체로부터 도급을 받아 다시 하위 하청업체에 하도급을 주는 사례에서 종종 일어난다.

인터넷 케이블 연결 작업이 바로 그런 경우다. 집에서 인터넷을 사용하려면 통신사 대리점에 가입 주문을 하면 된다. 그런데 인터넷 통신 케이블이 가정집으로 들어가기 위해서는 그보다 앞서 전신주 사이에 케이블 망을 설치해야 하고, 전신주에 설치되어 있는 케이블 망에서 주택 내 단자함까지 다시 케이블을 연결해야 한다. 전신주 케이블 단자함에서 주택단지 단자함으로 케이블을 연결하는 작업이 바로 선공사 후정산 형태를 띤다.

이때의 선공사 후정산 방식은, 케이블 망을 시공하고 난 이후 케이블 길이에 따라 공사금액을 책정하여 공사계약서를 통신사에 제출하면, 입찰경쟁을 거쳐 통신사가 원수급인을 정하는 형태로 이루어진다. 이 때문에 통신기사가 케이블 연결 작업 중에 사고로 다쳤을 때, 그 사고 시점이 선공사 기간에 발생한 것이면 산업재해 보상을 받지 못할 수 있다.

사고 발생 전신주

케이블의 지중배관

전신주에서 단자함까지의 거리 약 40미터

설치된 단자함(상단 우측)

보통 케이블 연결 공사금액은 케이블 1미터에 1000원 꼴이다. 3000미터를 연결하더라도 공사금액은 300만 원에 불과하다. 그런데 법적으로 산업재해보상의 기준은 공사금액이 2000만 원 이상인 현장에만 적용된다. 따라서 선공사를 하는 시점에 사고가 난다면, 발주자인 통신사와 원수급인에게는 아무런 책임이 없다. 선공사 후정산 방식이기에 정산되지 않은 금액으로는 입찰경쟁을 할 수 없고, 입찰을 하지 못하니 원수급인이 결정되지 않은 상태에서 작업이 이루어지는 탓이다.

이처럼 '선공사 후정산 방식'은 산재보험 보상의 사각지대이다. 내가 사고 조사를 한 사례를 예로 들어보겠다. 전신주에서 작업하다가 추락한 근로자가 있었는데, 일주일이 지난 시점에 사망했다. 하지만 공사금액이 2000만 원 미만인 현장에서 발생한 사고라서 산재 보상을 받을 수 없었다.

위 사진은 하청업체 소속 근로자가 작업한 전신주에서 빌라주택 건물 1층에 있는 단자함까지 통신케이블을 연결하는 작업을 했던 현장의 모습이다. 이는 보통의 작업 현장과 사뭇 다르다. 보통 도급계약은 '발주자-원수급인-하수급인'의 순으로 이루어지기에 발주자와 총공사금액이 분명하게 확정되기 마련이다. 하지만 내가 조사한 사례는 선공사 후정산 방식이었다. 케이블 연결 작업을 완료한 다음 발주자로부터 입찰경쟁을 해서 정산하는 식이니 거꾸로 된 셈이었다.

2016년 6월 12일 고용노동부는 도급인의 안전보건관리책임을 대폭 강화하겠다는 내용의 보도자료를 발표했다. 이를 위해 세 가지 구체적인 방안을 내놓았다. 첫째, 도급인에게 유해위험정보를 제공하고, 수급인이 법을 위반하면 그에 대한 시정조치를 의무화하는 것이다. 이는 수급인이 도급인의 설비 및 취급물질에 대한 유해위험정보를 알지 못해 산업재해가 발생하는 현실을 반영한 것이다. 도급인이 수급인의 산업안전보건법령 위반행위에 대해 아무런 조치를 하지 않으면 500만 원 이하의 과태료를 부과할 수 있게 되었다. 둘째, 사업주의 안전·보건관계자에 대한 직무관리책임을 강화하는 것이다. 사업장에서 선임한 안전관리자, 보건관리자, 안전보건관리책임자, 안전보건총괄책임자 등 안전·보건관계자가 직무를 수행할 때 그에 대한 관리책임이 사업주에게 있음을 명확히 했다. 셋째, 공사 중 가설 구조물 붕괴 등 재해 발생 위험이 높다고 판단되면 시공자는 발주자에게 설계 변경을 요청할 수 있게 한 것이다.

그런데 고용노동부의 발표 내용에는 결정적 맹점이 있었다.

제조 현장에서든 건설 현장에서든 외주를 함부로 줄 수 없는 제한 업종이나 건설 공정에 관한 언급이 없었으며, 특히 건설 현장의 원도급 공정에서 원수급인의 외주 비율에 대한 제한선도 마련하지 못한 것이다. 만약 하수급인사업주인정승인제도와 같이 공사금액의 75퍼센트에 해당하는 외주를 주는 경우는 어떨까? 발주자에게 수주하여 전 공정을 외주로 맡기는 경우에는 전혀 손대지 못한다. 이러한 경우에는 법으로 아무리 도급인에게 강한 책임을 부과한들 허울뿐인 원수급인이 제대로 된 법규를 하도급업체 현장에 적용하기가 수월치 않을 것이다.

2014년 10월에 이인영 새정치민주연합 의원은 산업재해에 대한 원청업자 책임제 도입과 관련해 〈생명안전업무 종사자의 직접고용 등에 관한 법률안〉을 대표발의했다. 이 법률안을 제안한 이유는 "생명안전업무"에서 기간제근로자, 파견근로자 및 외주용역근로자 사용을 금지하고 직접고용에 의한 정규직(기간의 정함이 없는 근로자)을 사용하도록 하려는 것이었다. 생명안전업무란 구체적으로 철도·도시철도·항공운수사업 중 국민의 생명안전업무와 수도·전기·가스·석유사업의 운영 및 공급 관련 업무, 병원·혈액공급사업의 주요업무, 통신사업의 주요업무, 선박직원법에 따른 선박직원의 업무 등 공중의 생명·건강 또는 신체의 안전과 관련된 업무와 산업안전보건법에 따른 유해·위험 업무 등 근로자의 생명·건강 또는 신체의 안전과 관련된 업무를 포함한다.

법률안 제5조(생명안전업무 사업주의 직접고용 등 책임)를 통해 생명안전업무 사업주는 일정한 사유가 없는 한, 생명안전업무에서 파견근로자, 기간제근로자, 단시간근로자를 사용하거나 도급(하도급을 포함한다)을 줄 수 없으며 생명안전업무 종사자를 직접 고용해야 한다. 앞서 언급한 통신케이블 설치조사 사례는 통신사업의 주요 업무 중 하나이다. 관행처럼 행해지는 선공사 후정산 방식의 외주의 경우, 문제가 발생하면 책임의 소재를 작업을 시행한 업체로 떠넘길 개연성이 크기에 주목해야 한다.

외주에 대한 특정 업무 직종에 대하여 제한을 둔 의무법이라는 점에서 앞으로 정치권이 고민하면서 더 나은 법률안을 발의하여 국회에서 통과시켜야 할 것이다.

2

균열 일터Fissured Workplace로 내몰리는 을들:
프리젠티즘, 음식 배달 대행업, 각종 콜센터

프리젠티즘과 첨단 기술

고용의 외주화로 을이 현실에서 피부로 느끼는 어려움은 몸이 아파도 일터로 나가야 하는 소위 '프리젠티즘'presenteeism일 것이다. 프리젠티즘은 조직원의 결근으로 업무에 차질이 빚어지는 현상을 뜻하는 앱센티즘absenteeism의 상대어로, 회사에 출근은 했지만 질병이나 스트레스 같은 신체적·정신적 문제로 정상적인 업무를 수행할 수 없어 성과가 현저히 떨어지는 현상을 일컫는다. 프리젠티즘 연구는 2000년 무렵에 시작되었으나 실제 현황을 제대로 파악하기란 그리 쉽지 않다. 초등교사, 간호사, 돌봄노동 종사자 등이 프리젠티즘이 널리 퍼진 직종으로 알려져 있다.

《국제직업환경건강 아카이브》에 실린 〈아플 때도 일하는 사람은 누구인가? 비정규직 고용과 병결 및 프리젠티즘과의 연관성 연구〉라는 논문에서는 간접 고용된 근로자와 관련된 프리젠티즘 현상을 다루었다.[2] 고려대학교 보건과학과 역학연구

팀과 이화여자대학교·토론토 대학교 연구진이 2011년 산업안전보건연구원의 3차 근로환경조사에 참여한 전일제 노동자 2만 6611명의 설문조사를 토대로 연구한 결과이다. 설문 분석 결과 삼성전자서비스 수리기사 같은 하청노동자는 원청 정규직에 비해 4~43퍼센트 가량 병결 경험이 적은 것으로 나타났다. 반면 아파도 일하러 나가야 하는 프리젠티즘 경험은 하청노동자들이 원청 정규직보다 20~61퍼센트 가량이나 높았다.

왜 하청노동자들 사이에서는 몸이 아프더라도 결근하지 않는 프리젠티즘이 나타나는 것일까? 이는 결근 기간만큼 보수가 줄어들 뿐만 아니라 한두 차례의 결근으로 노동의 기회 자체를 박탈당할 가능성을 우려하기 때문이다. 외주화는 그만큼 노동자들에게 심리적 압박을 주고 있다.

고용 형태에 따른 병결·프리젠티즘 경험 비율

고용형태		병결	프리젠티즘
원청	무기계약(정규직)	100%(기준집단)	100%(기준집단)
	계약기간 1년 이상	188%	164%
	계약기간 1년 미만	80%	100%
하청	무기계약	63%	120%
	계약기간 1년 이상	57%	161%
	계약기간 1년 미만	96%	126%

앞서 언급한 프리젠티즘이 만연한 직군 외에도 일반 사무직에 종사하는 사람들은 첨단 기기로 인해 업무시간의 경계가 모호해지는 상황에 놓여 있다. 퇴근 후에도 카톡이나 SNS 등 각종 통신수단을 이용해 업무지시가 내려와 근로시간이 공식적으로 종료되지 않기 때문이다. 더불어민주당 신경민 의원이 유수열 비서의 아이디어에서 착안해 〈업무시간 외 카카오톡 금지법〉(근로기준법 일부개정안)을 발의한 배경이다. 이 법안의 핵심은 퇴근 후 업무와 연결되지 않는 것이 근로자의 권리라는 생각이다.

한쪽에서는 출근하여 얼굴 도장 찍기를 해야 하는 전통적인 출퇴근 방식 때문에 프리젠티즘이 성행하고, 다른 한편에서는 통신기술의 발달로 업무시간이 종료된 후에도 지시를 기다리며 대기하게 만드는 풍토가 공존한다. 하청사회에서는 아파도 출근 도장을 찍어야 하는 근로자와 퇴근 이후 디지털기기에 삶을 통제당하는 근로자의 신음이 가득하다.

한국노동연구원에서 분석한 〈스마트기기 사용이 근로자의 일과 삶에 미치는 영향(2015)〉이라는 연구보고서에는 2013년 국가인권위원회 차원에서 정보통신기기의 종류와 사용 실태에 따른 감시 현황 및 노동 강도 변화를 조사한 내용이 소개되어 있다. 사업장 일반근로자 700명을 대상으로 수행한 조사결과에 따르면 정보통신기기의 활용은 근로자의 근무여건 악화, 사생활 침해, 노동 강도 증가 등 부정적 영향을 끼치고 있다.

예컨대 스마트기기 등 정보통신기술의 발달로 인해 업무량이 늘었다고 응답한 근로자가 전체의 36.6퍼센트, 회사에서 개인에 대한 감시가 이루어지고 있다고 응답한 근로자가 전체의 31.0퍼센트였다. 또한 스마트기기의 업무 활용에 부정적인 가장 큰 이유로 개인의 사생활 침해가 꼽혔다. 전체 근로자의 67.0퍼센트가 휴대전화나 이메일을 통해 휴일이나 퇴근 이후에 업무지시를 받은 경험이 있었다. 이와 유사하게 기술직 근로자 1107명을 대상으로 실시한 서울도시철도공사 노동조합의 설문조사에서도 스마트폰 도입 이후 노동 강도가 전보다 강화됐다는 응답이 62.4퍼센트에 달하는 것으로 나타났다.

흔히 기술이 발달해서 업무 처리 속도가 빨라지면 남은 시간에 여가를 즐기며 삶의 질이 높아질 것이라고 기대한다. 하지만 하청사회에서 기술 발달이 초래하는 업무 현장의 실상은 그와 정반대다. 업무 처리 속도가 빨라져 남은 시간이 고스란히 또 다른 업무로 메워지고 있기 때문이다.

이러한 아이러니를 예증하는 실험이 있다. 프랭크 파트노이

Frank Partnoy의 저작 《속도의 배신》에는 샌포드 드보Sanfor Devoe가 동료들과 함께 패스트푸드와 관련해 수행한 실험이 소개되어 있다.[3]

학생들을 컴퓨터 앞에 앉히고 한 집단들에게만 나열된 느낌표, 단어 그리고 사각형들(패스트푸드 이미지)을 빠르게 보여주고 잠깐 휴식을 취한 다음 〈내셔널 지오그래픽〉지에 나온 아름다운 사진 석 장을 보도록 했다. 참가자들은 사진을 본 직후, 그 순간에 얼마나 행복하게 느끼는지 평가했다. 12밀리 초간 패스트푸드 로고에 노출된 학생들은 사진을 보고 나서 행복감이 급격히 떨어진 것으로 보고되었다. 학생들의 행복감을 떨어뜨린 것은 단순히 패스트푸드 이미지만이 아니었다. 드보의 연구 팀은 사진을 보지 않고 패스트푸드 로고만 본 학생들은 기본적으로 패스트푸드 로고도 사진도 보지 않은 대조군의 학생들과 마찬가지의 행복감을 표했다는 것을 발견했다. 여기서 핵심은 패스트푸드 이미지가 학생들이 사진을 즐길 수 있는 능력을 떨어뜨렸다는 것이다. 패스트푸드 사진에만 노출된 학생들은 빠르고 행복했고, 패스트푸드 사진과 아름다운 사진에 모두 노출된 학생들은 빠르고 슬펐다.

패스트푸드는 시간을 절약하게 돕는 놀라운 발명품이다. 그러나 속도를 높이는 기적은 우리에게서 기쁨을 앗아간다. 속도가 더 빨라지는 상황에서 행복감은 줄어든다. 드보는 패스트푸드의 부정적 영향을 분석하면서, 속도를 추구하는 현대사회에서 빠른 속도가 일으키는 부작용이 만만치 않음을 시사한다. 이제는 속도를 높이는 방법보다 속도를 늦추는 방법에 초점을 두어야 하는 시대가 되었다.

요즘 세상은 112로 범죄 신고를 하면 경찰차가 바로 출동하고, 119로 화재 신고를 하면 소방차가 경적을 울리며 나타난다. 집에 앉아서 음식을 주문하면 배달원이 신속하게 문 앞까지 음식을 가져다준다. 자판기를 누르면 상품이 나오는 것처럼 원하는 것을 주문하면 즉각 그 결과를 얻는 세상에서 살아간다.

한국 사회는 최첨단 정보통신을 적극 수용한 사회이기에 업무를 신속히 처리하는 효율성을 중시하는 문화가 만연하다. 그러나 이것은 속도를 상징하는 패스트푸드 이미지가 진정한 행복감을 누릴 수 없게 하듯, 특정한 심리적 장애를 야기할지도 모른다.

속도가 장악한 세상에서는 기다림이나 망설임은 바람직한

행동으로 여겨지지 않는다. 의외의 것을 발견하고 차분하게 관찰하며 숙고할 시간이 주어지지 않는다. 우발적 상황은 피해야 할 것으로 간주된다. 도널드 럼스펠드 전 미국 국방장관의 '알려지지 않은 미지수Unknown unknowns', 경제학자 프랭크 나이트의 '측정 불가능한 불확실성Unquantifiable uncertainty', 나심 탈레브의 '검은 백조Black swan', 독일의 군사 이론가인 칼 폰 클라우제비츠가 쓴 '놀라움의 불가피성', 찰스 페로우의 예상할 수 없는 '정상 사고Normal accident'라는 개념이 가리키는 바이다.

스마트기기 같은 정보통신기술에 익숙한 근로자는 예측 불가한 상황을 마주했을 때 마치 마시멜로 실험의 대상자인 취학 전 어린이 신세가 된 것처럼 반응한다. 마시멜로 실험은 1960~1970년대에 스탠퍼드 대학교의 심리학자 월터 미셸이 수행한 실험이었다. 스마트기기로 거의 실시간으로 즉각적 만족을 끊임없이 추구하는 행위는 어린이가 달콤한 마시멜로의 유혹을 견디지 못하고 성급하게 집어먹는 행위와 유사하다. 물론 아이의 자제력으로 미래의 성공 가능성을 점치는 마시멜로 실험에 대한 비판도 있다. 하지만 인간이 기술을 지배하지 못하면, 기술이 인간을 지배하게 된다는 것만은 분명해 보인다. 기술이 이끄는 대로 무작정 쫓아가서는 안 된다.

대표적 균열 일터, 음식 배달 대행업

하청사회에서는 정보통신기술의 발달로 새로운 직종이 속속 생겨나고 있다. 그중 하나가 음식을 퀵서비스처럼 배달하는 음식 배달 대행업이다. 기존 퀵서비스가 다양한 물품을 신속히 배달하는 서비스였다면, 음식 배달 대행업은 그 대상을 음식물로 확장한 것이다.

음식 배달 대행업은 배달원이 음식점에 속했던 과거의 방식과 달리 운영된다. 배달을 수행하는 사람이 특정 음식점에 고용되는 형태가 아니기 때문이다. 음식점의 음식(가령 치킨이나 족발 등)을 배달하는 사람은 해당 음식점에 소속된 근로자가 아니라 개인사업자로 간주된다. 겉으로 보기엔 예전의 배달원과 크게 다르지 않은 업무를 수행하지만, 법률적으로는 개인사업자라는 전혀 다른 신분이 된다.

2011년 인천시에 소재하는 근로청소년들이 배달업체로부터 체불임금을 받기 위해 중부지방고용노동청 인천북부지청에 진정서를 제출한 일이 있었다. 하지만 진정인들을 근로기준법에서 규정하는 '임금을 목적으로 사업이나 사업장에서 근로를 제공하는 자'로 볼 수 없다고 하여 진정사건이 종결되었다(민원서류처리전, 17353외 3건). 음식 배달 대행을 전문으로 하는 업체에 의해 청소년 아르바이트생이 당하는 피해는 심각한 수준이다. 그런데 이를 해결하는 과정에서 위반 사업체가 관할지역이 아니라는 이유로 처리가 미뤄지거나, 청소년들이 복잡한 신고절차와 출석조사를 꺼려해 권리를 포기하는 사례도 빈번히 발생하고 있다.

음식 배달 대행업은 대표적 균열 일터다. 이를 심층적으로 이해하기 위해서 음식 배달 대행업체에서 수년간 일한 20대 중반의 남성을 인터뷰했다.

음식 배달 대행업체에서는 무슨 일을 하는가?

— 주로 치킨, 족발, 보쌈 등 음식을 배달하고 가끔 휴대폰을 배달하기도 한다. 음식 배달을 대행하는 일이다 보니, 사무실에는 업체 대표나 부부만 사무를 본다. 그 외 다른 직원은 없다.

음식 배달 대행업자의 임금은 어떻게 산정하는가?

— 음식 배달 대행업자에게는 기본급이 없다. 가령 2만 원짜리 치킨을 배달하는 일을 하게 되면, 먼저 치킨집에 가서 1만 7500원을 지불한 다음, 배달 목적지에 치킨을 전달

하고 손님에게 2만 원을 수령하게 된다. 배달한 곳에서 받은 2만 원에서 배달 대행업자가 애초에 지불한 치킨값 1만 7500원을 뺀 나머지 금액인 2500원이 배달 한 건당 수익이 된다.

배달 대행업체의 수익 구조는 어떻게 되는가?

— 음식 배달 대행업체에 가입한 가맹점 회원업체에서 매월 회비를 낸다. 회원업체가 많을수록 음식 배달 대행업자에게 유리한 구조이다.

배달 한 건당 수익인 2500원이 순수익인가?

— 실제로는 2300원이라고 할 수 있다. 예전에는 배달 대행업체에서 단말기를 별도로 제공해주었다. 하지만 지금은 스마트폰에 배달 대행업체에서 만든 프로그램 앱을 설치하면, 개인 폰으로 대행업체 사무실에서 배달 콜이 전송된다. 이런 콜을 받아서 배달하면 한 건당 200원이 수수료로 빠져나간다. 그러니 한 건당 순수익이 2300원인 셈이다.

— 배달 대행업체에서 보내오는 콜이 많으면 특정 배달업체

의 콜만을 받아서 수익을 낼 수도 있다. 하지만 그렇지 않을 경우에는 여러 배달업체의 콜을 받게 된다. 대개 특정한 배달업체에 전속되는 것은 보장되지 않는다.

― 초창기에는 고용 형태가 콜 한 건당 2300원을 배달원 몫으로 가져가는 콜비 체제가 아니었다. 배달 업무에 숙달되기까지 시급 4000~4500원 정도를 받는 알바 형태였다가 익숙해지면 시급제에서 콜비 체제로 사업주와 협의하여 전환했다.

이상의 인터뷰에서 확인할 수 있는 것과 같이, 음식 배달 대행원은 이제 음식을 만드는 음식점의 종업원이 아니다. 배달업체 사업주, 배달원, 음식점 사업주가 별개의 개인사업자인 것이다. 서로 다른 개인사업자들을 연결시켜준 것은 단말기였고, 이보다 더 발달한 기술 플랫폼은 스마트폰에 설치하는 배달앱이다.

한국노동사회연구소 연구위원인 김종진은 〈배달앱 아르바이트, 어떻게 볼 것인가?〉라는 보고서에 우리나라 주요 신종배달업체와 배달중개업체를 다섯 개의 유형으로 분류했다.[4]

① 배달 주문 중개(배달의민족, 요기요, 배달통, 배달114,

　　배달365, 메뉴박스, 디톡)

② 음식 배달 대행(나눔콜)

③ 배달 주문 및 대행(푸드플라이, 배민라이더스)

④ 토탈 배달 대행(띵동, 배달요, 바로고몰)

⑤ 배달 인력 중개(일당백)

이러한 신종 배달업체와 배달중개업체는 배달원을 직접 고용하지 않는 것이 특징이다. 법적으로는 배달 건수인 실적을 기준으로 일한 대가를 지급하기 때문에 배달원을 근로자로 간주하지 않는다. 김종진은 보고서에 배달원을 근로자로 볼 수 없다는 이유를 설명한 행정법원의 선고를 소개했다.

　사건번호: 서울행법 2014구합75629

　선고일자: 2015-9-17

　〔요지〕 배달원이 배달대행업체가 제공하는 프로그램을 통하여 배달 업무를 수행하지만, 가맹점에서 프로그램에 배달 요청을 할 경우 이를 수행할지 여부는 배달원이 결정하였고 거절하더라도 특별한 제재는 없었으며, 특정 배달원을 지목

하여 배달을 지시한 적이 없는 등 구체적인 지휘·감독이 없었던 점, 가맹점의 영업시간에 맞추어 배달이 행해지므로, 사업주가 별도로 업무시간 및 근무 장소를 정하지 않았던 점, 배달에 지장이 없는 한 다른 시간대에 다른 회사의 배달 업무를 하는 것도 사실상 가능하고, 배달원이 다른 사람에게 배달 업무를 대행하도록 할 수도 있었던 점, 배달원이 제공하는 근로의 질이나 양에 의해 수입이 결정되는 것이 아니라 배달 건수에 따라 산정되는 방식이므로, 배달 요청의 증가 또는 감소에 대한 이윤 및 손실 발생 부분은 사업주보다는 배달원에게 귀속되었던 점, 근로계약서를 작성하지 않았고, 근로소득세를 납부하지 않았으며, 산업재해보상보험을 비롯한 이른바 4대 보험에도 가입되지 아니하였던 점 등을 종합하여 볼 때, 이 사건 배달원은 독립하여 자신의 계산으로 사업을 영위한 것으로 보이므로, 종속적인 관계에서 사업주에게 임금을 목적으로 근로를 제공한 근로기준법상 근로자라 볼 수 없다.

근로자 여부를 인정하고 산재보험보상 처분을 다루는 기관은 근로복지공단이다. 근로복지공단에서는 배달 업무를 수행하다 사고를 당한 고등학생에 대해 산재요양승인을 해준 반면 고등법원에서는 이를 뒤집고 배달원이 근로자가 아니라는 판결을 내렸다.

　이 사건의 개요는 다음과 같다. 2013년 11월에 고등학생이던 배달원 A씨가 배달을 하던 중 무단횡단을 하던 보행자와 충돌하여 다쳤다. 당시 근로복지공단에서는 A씨를 근로기준법상 근로자로 인정하여 산재보상승인 처분을 했다. 그러나 사업주는 A씨가 근로자가 아니라고 하며 소송을 냈다. 〈고용보험 및 산업재해보상보험의 보험료징수 등에 관한 법률〉상 사고 당시 배달업체가 산재보험에 가입되지 않은 상태에서 산재 처리를 하게 되면, 산재보상금의 50퍼센트를 사업주에게 징수하게끔 하는 50퍼센트 급여징수금 제도가 발단이 되었던 것이다. 결국 법원은 1심, 2심 모두 근로복지공단의 결정을 뒤집고 배달원은 일반 근로자와 달리 사업주와의 사용종속관계에 있지 않은 개인사업자라고 판결했다.

　정보통신기술이 발달해서 신종 배달업체가 나타나기 전까지는 각 음식점이 배달 종업원을 직접 고용했다. 한 음식점에서 생산한 음식을 그 음식점에서 채용한 배달원이 배달했기 때문에 고용구조가 분명했다. 그러나 정보통신기술의 발전으로 단말기 같은 새로운 중개 시스템이 등장하면서 음식을 퀵 서비스처럼 배달하는 업체가 속속 등장했다. 배달 대행업체는 배달원을 개인사업자로 둔갑시켰다. 나중에는 '배달앱'에 모든 기술이 집약되면서 배달 시장은 더욱 세분화되었다.

법원의 판결은 바로 이러한 복잡한 상황에서 나온 것이다. 근로자의 근로자성을 판단하여 산재승인 여부를 판단하는 근로복지공단에서는 배달원의 근로자성을 인정했지만, 법원에서는 그렇지 않았다.

다음 그림은 김종진의 보고서에 나와 있는 도식을 인용한 것이다. 아래로 갈수록 정보통신기술의 정도가 발달된 최근의 배달 대행 모습을 확인할 수 있다.

배달원은 음식 배달이라는 똑같은 근로를 수행하지만 시급제가 아니라 배달 건당 2300원을 수익으로 하는 콜비 체제로 전환하면, '직영근로자'에서 '개인사업자'로 그 신분이 전환된다. 이윤을 목적으로 하는 사업주 입장에서는 온라인이든 오프라인이든 음식 배달 요청을 배달원의 개인 스마트폰으로 전송할 수 있기에 프로그램 사용료만 내면 끝이다. 음식을 배달하는 배달원 관리에 관심을 기울일 필요가 없어진다.

배달원의 입장에서는 배달 중 사고가 발생하더라도 개인사

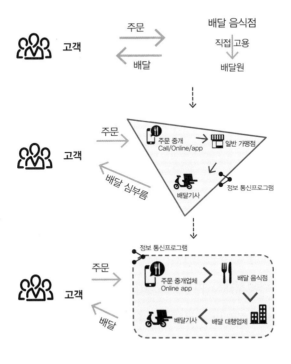

업자 신분이기에 근로자 신분일 때 보장되는 산업재해보상을 받을 수 없게된다. 중소기업사업주나 특수형태근로종사자 신분으로 산재 신청을 다시 할 수는 있지만, 아무래도 근로자 신분으로 이뤄지는 산재보상에 비해서는 제약이 많다.

또한 배달원이 개인사업자 신분이라는 동일한 이유에서 민법상 사용자의 배상책임이 배제될 수 있다. 민법 제756조[사용자의 배상책임] 1항은 "타인을 사용하여 어느 사무에 종사하게 한 자는 피용자가 그 사무집행에 관하여 제3자에게 가한 손해를 배상할 책임이 있다. 그러나 사용자가 피용자의 선임 및 그 사무 감독에 상당한 주의를 한 때 또는 상당한 주의를 하여도 손해가 있을 경우에는 그러하지 아니하다"라고 규정하고 있다.

피해자 쪽에서 자력이 없는 피용자를 상대로 배상하게 하는 것보다는 기업을 상대로 하는 편이 훨씬 충분한 구제를 얻을 수 있다. 그래서 기업의 책임 일반에 관하여 특별히 규정하는 바 없는 우리나라에서 민법 제756조는 기업 책임을 규정하는 매우 중요한 기능을 한다.

그런데 사용자의 배상책임이 적용되기 위해서는 사용자와 불법행위자 사이에 어떤 사무에 종사하게 하는 사용·피용의 사용관계가 있어야 한다. 피용자라고 인정받기 위한 조건은 사용자가 선임하고 또한 지휘·감독하는 관계 아래 있는 것이다. 지휘·감독관계는 실제적으로 지휘·감독하고 있었느냐의 여부에 의해 결정되는 것이 아니라 '객관적으로' 지휘·감독을 해야 할 관계가 있었느냐의 여부에 의해 결정된다.

위 사례에 언급된 음식 대행 배달원의 경우에는 민법에서 규정하는 사용자의 배상책임을 적용할 여지가 없어진다. 음식 대행 배달원을 포함하여 외형상 근로자의 형태로 보이면서 실제로는 사업이라고 보기에 영세한 직군이 모두 개인 사업자로 취급되어 노동권 보장이 어려운 것이다.

3
애매하게 모호하게, 외주화의 진화

특수하지 않은 특수고용노동자

균열 일터에 내몰리는 을들은 형식적으로는 업체에 소속되어 있지 않지만 생업을 영위하기 위해서는 갑에게 일거리를 받아야 하기 때문에 실질적으로는 '보이지 않는 사슬'에 얽매여 있다. 특수고용노동자의 문제를 다룬《사장님도 아니야 노동자도 아니야》라는 책 제목처럼 갑의 외주화는 애매하고도 모호한 형태로 진화했다.

고용을 제공받는 곳과 공급하는 곳이 달라지면서 사용자와 근로자의 명확한 경계가 희미해지고 복잡해졌다. 고용을 외부로 이전함으로써 실질적 사용자는 사회적 지불의무(실업이나 산재보험 또는 급여세)를 피하고, 근로자를 자영인(독립계약자)으로 분류했기 때문에 사용자의 산업재해 책임도 덜어낸다.

《균열 일터》의 저자 데이비드 와일은 오늘날 대기업과 중소기업, 하청업체의 관계를 작은 태양계에 비유했다.[5] 태양계 중심에 태양이 있듯이, 업계 중심에는 대기업이 있고 소규모 일터들이 그 주변 궤도를 공전하고 있으며, 또 일부 행성 주위에 달이 공전하고 있다. 주변부의 일터가 대기업에서 멀어질수록 얻을 만한 이윤의 폭도 그만큼 줄어들고 그 영향은 고스란히 근로자들에게 미친다. 이 비유에서 외주화의 마지막은 특수형태근로종사자라는 형태일지도 모른다.

특수형태근로종사자의 문제는 2015년에 흥행한 영화 〈베테랑〉에서도 다루어졌다. 누적 관객 1300만 명을 넘긴 이 영화는 재벌 3세가 화물차 운전기사를 부당하게 대우하는 과정에서 화물차 운전기사를 죽이고 이를 자살로 위장하는 내용을 담고 있다. 화물차 운전기사는 체불된 임금을 받기 위해 운송업체에 하청을 주는 재벌기업에 찾아 가서 호소하지만 재벌기업에서는 체불 임금 책임은 하청업체인 운송업체 책임이라며 막무가내로 돌려보내려 한다. 이 화물차 운전기사가 바로 사장도 아니고 노동자도 아닌, 특수형태근로종사자 신분인 것이다.

〈베테랑〉은 허구의 이야기를 꾸며낸 것이 아니라 실제로 벌어진 사건을 토대로 제작되었다. 2010년 11월 28일 MBC 〈시사매거진 2580〉에서는 '믿기지 않는 구타사건'이라는 제목으로 폭로되었다. 구타 사건의 피해자인 유모 씨는 원래 다니던 회사가 M&M에 흡수 합병되면서 고용 승계에서 제외되었다. 화물연대 소속 탱크로리 운전기사 유씨는 이를 항의하며 SK 본사 앞에서 1인 차량 시위를 벌였는데, 이때 끌려가서 방망이로 구타당한 것으로 알려졌다. 구타 가해자는 SK그룹 최태원 회장의 사촌동생이었고, 방망이질 한 대에 100만 원을 주었다고 밝혀져 세간에 충격을 안겼다.

지금도 화물차 운전기사는 근로자 신분이 아니다. 그렇다고 사업주로 보기에도 애매하다. 운송물을 제공하는 운송사나 알선 업체에 종속되어 있기 때문이다. 구타 피해자 유씨는 1년 동안 일거리가 끊겨 소유하던 탱크로리를 매각해주겠다는 회사 측의 말을 믿고 찾아갔다가 구타를 당했다. 유씨처럼 화물운전기사들은 화물차 소유주인 지입차주 신분 때문에 대개 개인 사업자로 인식되고 있다.

1990년대까지만 해도 화물 운수업 종사자들의 수입은 일반 급여 생활자의 평균 수입보다 많았고 고소득층에 속했다. 그래서 1997년 〈화물자동차운수사업법〉 제정에 따라 지입제가 합법화될 당시에는 이들이 독립사업자가 되는 과정에 별다른 저항이 없었다. 그러나 경제 상황이 악화되자 이들 화물운전기사에게도 시련이 왔다. 그 시련은 크게 두 가지로 정리할 수 있다.

첫 번째 시련은 화물 운송의 다단계 하청구조다. 지금까지 화물운전기사들은 2003년, 2008년, 2012년에 파업한 이력이 있다. 노동계에서는 거듭된 화물연대 파업의 근본 원인으로, 화주와 운송회사, 운송노동자로 연결되는 화물운송 다단계 하청구조를 꼽는다. 이런 구조에서는 화물운송노동자가 제대로 운임을 받지 못하고 피해를 볼 수밖에 없다. 화물연대는 기름값 등을 고려해 화물운전기사의 운임을 매년 법으로 정하고

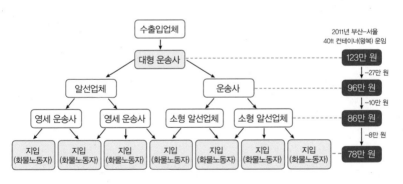

40ft 컨테이너 운임구조

이를 어기는 화주나 운송회사를 처벌하는 내용의 표준운임제를 요구해왔다.

국내 한 대형 운송회사 사업보고서와 한국교통연구원 화물운송정보시스템 등의 자료를 살펴보면, 하청의 구조가 매우 복잡하다는 사실을 알 수 있다.[6]

먼저 40ft freight ton(운임톤) 컨테이너로 부산–서울 구간을 왕복 운송하기 위해서는 우선 수출입업체(화주)가 대형 운송회사에 123만 원을 지불해야 한다. 대형 운송회사는 이 가운데 27만 원가량을 가져가고, 운송 업무를 알선업체에 맡긴다. 다시 알선업체는 수수료 명목으로 운임의 약 10퍼센트인 10만 원가량을 챙기고, 이를 다시 영세 운송사나 소규모 알선업체에 넘긴다. 이 과정에서 이들도 10퍼센트 정도의 수수료를 챙긴다. 결국 실제로 운반 업무를 맡는 화물 노동자가 받는 운임은 78만 원으로 수입업체(화주)가 지불하는 돈의 63퍼센트에 불과하다.

두 번째 시련은 화물운전자 즉 지입차주의 근로자성의 불인정이다. 화물운전자의 근로자성 인정 여부는 노동 3권 보장과 연결된 문제다. 화물운전자들이 사업주를 상대로 대등하게 권리를 주장할 수 있는 지위가 있는가를 결정하기 때문이다.

1997년 화물자동차운수사업법 제정에 따라 지입제가 합법화되면서 화물 지입차주의 근로자성이 도마 위에 올랐다. 노동부는 1994년 행정해석을 통해 "지입차주 운전자는 근로기준법상 근로자"라고 명시했다가 2000년 행정해석을 변경해 근로자성을 부인하고 산재보험 적용에서도 배제했다. 지입차주제 합법화와 "특수고용노동자는 노동자가 아니다"라는 법원 판례를 근거로 들었다.

실제로 화물 지입차주는 자기 소유의 차량으로 사업을 하지만 운송물량이나 운임, 운송구간과 배차시간에 대한 결정권이 없다. 반면 업체는 계약해지 권한을 지니고 있다. 특히 1990년대까지 물류업체에 정규직으로 고용됐다가 외환위기에 따른 구조조정으로 특수고용직으로 전환된 경우가 많아 다른 특수고용형태보다 사용종속관계가 밀접한 편이다.[7]

근로자성이 부인되면 산업재해보상보험법뿐만 아니라 근로기준법도 적용받지 못한다. 법적으로 근로자성을 인정받지 못하는 직군 중에는 소위 '야쿠르트 아줌마'도 있다.

야쿠르트 아줌마는 한국야쿠르트에서 1971년에 요구르트를 배달하고 판매하는 업무를 중년 여성들이 담당하면서 시작된 직업이다. 한국야쿠르트는 주부를 대상으로 일자리를 제공하면서 일과 가사를 병행할 수 있다는 장점을 부각했다. 1971년에 47명으로 시작한 야쿠르트 아줌마는 현재 전국적으로 1만 3000여 명에 이른다.

1971년 당시에도 요구르트 배달 업무는 지역 대리점에서 지정해주는 '고정' 배달과 일정 구역을 돌며 판매하는 '유동' 업무를 동시에 감당했으며 임금 역시 판매 일부를 수수료로 받는 형식이었다. 자격 요건을 따지지는 않지만 대리점이나 지역의 여성고용센터 등에서 판매원 교육을 실시하고 있다. 요구르트 배달원의 효시가 된 한국야쿠르트뿐 아니라, 주요 우유업체와 발효 음료 업체, 최근에는 녹즙 및 생식 업체 등에 이르기까지 배달과 판매를 동시에 수행하는 유사 직업이 늘어나고 있다.[8]

2016년에 야쿠르트 아줌마는 근로자가 아니라는 판결이 나오면서 법적으로 이들의 근로자성이 인정되지 않는다는 사실이 재확인되었다. 대법원 3부(주심 박보영 대법관)는 정모 씨가 "퇴직금 2900여만 원을 지급하라"며 주식회사 한국야쿠르트를 상대로 낸 소송에서 원고 패소로 판결한 원심을 확정했다.[9]

정씨는 한국야쿠르트와 위탁판매계약을 맺고 2002년 2월부터 2014년 2월까지 부산에서 야쿠르트와 같은 유제품을 고객에게 배달하는 일을 했다. 정씨에게 정해진 출·퇴근 시간은 없었지만, 통상적으로 오전 8시 이전 관리점에 출근해 그날 배달하거나 판매할 제품을 전동카트에 싣고 오전 중에 고정 고객들에게 제품을 배달했다. 이후 남은 시간에는 행인 등 일반 고객에게 제품을 판매했다.

한국야쿠르트는 정씨의 판매활동 시간, 판매활동 지역을 관리하거나 통제하지는 않았다. 정씨는 수금한 제품대금을 모두 한국야쿠르트 측에 전달했으며 한국야쿠르트 측은 각종 수수료를 정씨에게 지급했다. 수수료는 매달 수십만 원 정도 차이가 날 정도로 변동이 컸다. 특히 이 수수료에 대해서는 근로소득세가 아닌 사업소득세가 원천징수되었다. 따라서 정씨와 한국야쿠르트는 국민연금, 건강보험 등 사회보험료 등을 부담하지 않았다.

또한 한국야쿠르트는 매월 2회 정도 정씨와 같은 위탁판매원을 상대로 한 교육을 실시했다. 신제품 출시 등에 대한 내용이었다. 하지만 위탁판매원들의 참석은 의무가 아니었다. 그리고 정씨 등은 한국야쿠르트 직원들에게 적용되는 취업규칙, 복무규정 등의 적용도 받지 않았다. 2014년 5월에, 정씨는 10년 넘게 해오던 위탁판매를 그만두면서 한국야쿠르트 측에 퇴직금 2990여만 원을 지급하라는 소송을 제기했다.

정씨는 한국야쿠르트가 구체적 업무 내용을 지시하는 등 자신이 종속적 관계에서 임금을 목적으로 하는 노무를 제공한 만큼 퇴직금을 지급받아야 한다고 주장했다. 그러나 1·2심 재판부는 정씨가 종속적 관계에서 임금을 목적으로 한국야쿠르트에 근로를 제공한 것이라 볼 수 없다고 판단했다. 근로기준법상 근로자인지 여부는 취업규칙 또는 복무규정 등의 적용을 받으며 사용자가 지휘·감독을 하는지, 사용자가 근무시간과 근무 장소 등을 지정하는지, 보수의 성격이 근로 자체의 대가 성격인지 등을 종합적으로 고려해 판단해야 하는데 정씨가 이에 해당하지 않는다는 것이었다.

이처럼 화물차 운전기사나 야쿠르트 아줌마를 포함하여 소위 특수형태근로종사자들은 근로기준법을 적용받는 근로자로 간주되지 못하고 있다. 문제는, 근로자도 아니고 사업주도 아니면서 근로자의 특성과 개인사업자 특성을 모두 지닌 이러한 직종이 우리 사회에서 점점 증가한다는 사실이다. 예전에는 제법 규모를 갖춘 기업에서는 직접 고용을 통해 기업과 근로자 사이에 명확한 계약관계를 유지했다. 대기업 역시 내부 노동시장을 바탕으로 자체 고용을 해서 안정적으로 노무관리를 했다.

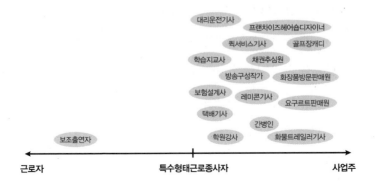

대리운전기사	프랜차이즈헤어숍디자이너	
퀵서비스기사	골프장캐디	
학습지교사	채권추심원	
방송구성작가	화장품방문판매원	
보험설계사	레미콘기사	요구르트판매원
택배기사		
보조출연자	간병인	
학원강사	화물트레일러기사	

근로자   특수형태근로종사자   사업주

그러나 1980년대 이후로 경제성장의 기미가 약해지고 생존 경쟁이 더 치열해지면서 대기업에서도 핵심 역량 부문을 제외한 나머지 부문을 외부로 이전하는 전략이 대세를 이루었다. 심지어 고용 자체도 외부 업체에 떠넘기는 방식이 널리 퍼졌다.

위 도식은 근로자와 사업주를 양극으로 하는 스펙트럼 사이에 특수형태근로종사자가 있고 특수형태근로종사자 중에서 사업주에 가깝게 해석되는 직종을 대략적으로 나타낸 것이다. 대부분의 특수형태근로종사자 직종이 사업주 쪽으로 편재되어 있다. 유일하게 근로자 쪽에 편재한 직종이 소위 엑스트라라고 불리는 방송 보조출연자들이다.

2012년 9월에 고용노동부는 보조 출연자의 근로자성 판단과 관련하여 근로복지공단에 〈보조출연자 근로자성 판단기준 및 산재보험 업무처리 지침〉을 내려주었다. 이러한 지침이 내려오기 얼마 전에, KBS 드라마 〈각시탈〉의 보조출연자가 경남 합천의 촬영 현장으로 가다가 버스 전복사고로 사망하는 일이 발생했다. 이때 근로복지공단은 유족들이 산업재해를 신청한 지 약 4개월 만에 산업재해 승인판정을 내렸다.

그간의 행정 해석은 방송 드라마 등에 출연하는 보조출연자의 근로자성을 부정해왔고 따라서 보조출연자의 산재요양 신청은 승인받을 수 없었다. 하지만 2012년 고용노동부 지침에 따라 방송 보조출연자의 근로자 여부에 대한 판단에 있어서 근로자로 해석될 개연성은 높아졌다고 할 수 있다.[10]

중앙대 사회학과 이병훈 교수는 《사장님도 아니야 노동자도 아니야》에서 특수형태근로종사자들의 수가 늘어나는 이유를 분석했다. 서비스산업의 팽창, 정보통신기술의 발달, 기업 구조의 개편, 시장경쟁의 격화 등을 배경으로 기업들은 정규직 중심의 인력 운용 방침을 바꿔 고용구조의 유연화와 다변화를 꾀하면서 비정규직 인력의 활용을 크게 늘렸으며 그 일환으로 특수고용을 다양하게 확대했다. 갑의 입장에서는 직접 고용한 정규직이 아니므로 노무관리와 사회보장의 부담을 회피할 수 있고 고용 유연성을 유지하고 사업 위험을 전가하는 등 많은 이점이 있기 때문이다.

이러한 특수형태근로종사자들은 앞에서 본 낙수효과 그림에서 여러 층으로 쌓인 와인잔 중에서 가장 밑을 떠받치는 잔이며, 태양계의 중심에서 가장 멀리 떨어진 행성에 해당할 것이다.

셀프 서비스의 다른 이름 그림자 노동

현대 문명을 비판적으로 바라본 사상가 이반 일리치Ivan Illich는 임금 노동에 필요한 사람을 육성하는 무보수 노동을 '그림자 노동'이라고 명명했다.[11] 그림자 노동의 사례에는 주로 여성들이 집에서 하는 대부분의 가사 노동, 학생들의 벼락치기 시험공부, 직장 통근 등이 있다. 그 외에도 어쩔 수 없는 소비로 인한 스트레스 참기, 의사의 지겨운 지시를 고분고분 따르기, 정부에 대한 순종, 강요된 일을 하기 위한 준비, '가정생활'이라고 부르는 수많은 활동을 포함한다.

이반 일리치는 자급자족 시대가 산업혁명기를 거치며 성장과 발전이라는 시대로 이어지면서 소비(생계)를 위한 임금을 구할 수밖에 없는 시기가 도래했기에 그림자 노동이 나타났다고 분석했다. 사람들이 임금을 벌기 위해 도시로 몰려들면서

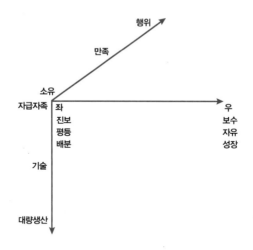

자급자족하는 환경이 불가능해진 것이다.

이반 일리치는 사회의 형태를 선택하는 방식을 위 도식과 같이 세 가지 차원으로 분류했다. 가로축은 정치경제적 목적을 어떻게 달성을 하는지에 대한 스펙트럼을 뜻한다. 사회적 계층구조, 정치적 권한, 생산 수단의 소유, 자원의 배분 같은 목적을 달성하는 수단에 대한 스펙트럼이다. 흔히 진보와 보수, 자유와 평등 중에 어디에 중점을 둘 것인가 하는 질문을 다룰 때 활용된다.

세로축은 사회에서 사용하는 기술 중 '무른 기술'과 '굳은 기술'이라는 스펙트럼을 가리킨다. 무른 기술은 자급자족하는 기술인 반면 굳은 기술은 산업적으로 성장, 발전이라는 개념이 포함된 대량생산 기술이다.

한편 사선 축은 인간이 '소유'에서 만족을 찾는 사회구조와 '행위'에서 만족을 추구하는 사회구조의 스펙트럼을 가리킨다.

이를 종합해보면, 발전과 성장이라는 이데올로기의 추동 과정에서 평등과 공동체주의보다는 자유와 개인주의를, 무른 기술보다는 굳은 기술을, 행위보다는 소유를 택하는 시대로 접어들면서 그림자 노동이 발전했음을 파악할 수 있다. 그림자 노동은 수치로 나타나는 임금노동을 유지하도록 임금노동자를 위한 보조 행위다. 따라서 이것은 경제적으로도 사회적으로도 인정받지 못하는 노동이며, 생산에 전혀 도움이 되지 않는 활동으로 여겨졌다.

그림자 노동과 관련하여 특수형태근로종사자, 특히 돌봄노동자 등은 사회적으로 생산물을 창출하지 않는 노동으로 혹은 화폐가치로 환원하지 못하는 노동으로 간주되었다. 이런 이유로 고도 자본주의 사회에서 그림자 노동의 사회적 가치 역시 폄하되기 일쑤였다.

여성노동자 글쓰기 모임에서는 《기록되지 않은 노동》에서 실제 돌봄노동에 종사하는 여성들을 인터뷰하여 현 실태를 다루었다.[12] 돌봄노동에 속하는 직종에는 산모 도우미, 돌봄교사, 방과후교사, 보육교사, 장애인활동보조인, 간병인 등이 있다. 돌봄노동의 특징은 과거에는 대부분의 가정에서 어머니가 행하던 가사에 해당하는 직종이라는 것이다.

출산, 육아, 간병 등 가정에서 이뤄지던 일이 가정 바깥으로 나왔을 뿐이라는 사회적 인식 때문에 여전히 돌봄노동자에 대한 처우는 매우 열악하다. 예를 들어 산모·신생아 도우미의 서비스 항목은 식사 준비, 산모 마사지, 산후 체조 교육, 좌욕 보조, 산모와 신생아 의복 세탁, 방 청소, 신생아 돌보기, 산모에 대한 정서적 지지, 산모의 산후조리 관련 요청 사항 수행 등 이루 말할 수 없을 정도이다.

하지만 산모·신생아 도우미는 하루 종일 일해도 채 100만 원을 받지 못한다. 산모·신생아 도우미가 속한 회사에서 소개료 명목으로 떼어가는 몫이 크고 중간에서 급여를 가로채는 사람도 많다. 출산한 여성과 신생아를 돌보는 일이 최저임금을 조금 웃도는 임금으로 책정되어 있다는 사실은 이 사회가 돌봄노동의 전문성을 인정하지 않고 누구든 할 수 있는 그림자 노동으로 여긴다는 방증일 것이다.

그림자 노동의 가치는 매우 과소평가 받고 있다. 이는 사회에서 직접 생산에 기여하는 노동이 아니면 임금노동자를 위한 보조 활동으로 폄하하는 습성 때문이다. 특수형태근로종사자의 직종이나 돌봄노동 직종의 공통점은 가정에서 여성들이 행하는 가사노동의 유형이 많다는 점이다. 즉 이들의 노동은 경제적, 사회적으로 임금노동을 수행하는 사람을 보조하는 무보수 노동으로 취급되었다.

고객이 셀프 노동자가 되어버린 그림자 노동의 진화

오늘날 한국 사회에서 많은 사람이 가장 흔히 이용하는 음식점은 김밥, 떡볶이 등을 판매하는 분식집일 것이다. 그런데 고객은 분식집에서 주문한 음식을 기다리는 동안에 다른 음식점에서는 하지 않는 일을 해야 한다. "물은 셀프"라는 대표적인 문구처럼 원래는 종업원이 할 일을 손님이 해야 하는 것이다.

식당뿐만이 아니라 대형마트에서 물품을 구입할 때도 카트를 끌고 다니며 직접 상품을 집어 담고 계산대에 줄을 선다. 심지어 구입한 식품이나 물품을 직접 포장하는 일을 하면서도 이를 노동이라고 의식하지 못한다. 오히려 제품을 구입하고 계산한 후에 포장과 배송까지 소비자 본인이 직접 한다는 사실에서 삶의 통제력을 높인다는 희열을 느끼는지도 모른다.

크레이그 램버트Craig Lambert는 《그림자 노동의 역습》에서 이러한 셀프 서비스 노동을 그림자 노동 개념으로 확장하여 기업이 어떻게 비용을 절감하는지를 분석했다.[13]

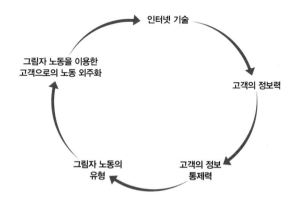

기업이 비용을 줄이고 핵심 부문만을 남기고 외부업체에 떠맡기는 경향 역시 그림자 노동이 한몫하고 있는 것이다. 기업에서 인건비를 줄이는 전략으로 직원을 줄이고 그들을 대신하여 직원들이 하던 일을 각 소비자에게 그림자 노동 하청을 준다는 것이다.

키오스크kiosk 같은 기술 덕분에 거래를 마무리할 때 고객은 직원이 아니라 기계와 협력하여 일한다. 예를 들어 호텔 로비에 체크인 기기가 새로 설치되었다는 사실은 프런트 직원 한 사람이 줄었다는 의미이다. 우리나라에서 가까운 멀티플렉스 극장만 가더라도 영화 예매를 하거나 티켓을 바로 구매할 수 있는 키오스크가 즐비하게 들어선 모습을 볼 수 있다. 키오스크 이용만이 아니라 인터넷 예매를 하는 행위도 사실은 그림자 노동에 해당한다. 따라서 그림자 노동은 구직 시장을 위축시키는, 보이지는 않지만 주요한 요인이 된다.

이반 일리치가 개인의 영역에서 그림자 노동을 인지하고 그림자 노동이 성장과 발전이라는 이데올로기에 떠밀려 임금노동자를 위한 보조 노동임을 통찰했다면, 크레이그 램버트는 개인의 영역뿐만 아니라 효율성이라는 제일 가치를 추구하는 조직에 만연된 노동 패턴을 분석한 것이다.

이처럼 그림자 노동이 가정에서 조직인 사회로 흘러나왔다. 물론 그림자 노동을 통해서 개인이 타인의 도움 없이도 기술을 통하여 재화나 서비스의 정보를 획득하는 방식으로 삶의 통제력이 더 커졌다고도 볼 수 있다. 하지만 문제는, 개인의 삶의 통제력이 커졌지만 동시에 기업 조직이 보다 개인화된 고객에게 그림자 노동을 전가하고 그만큼 고용 인원을 줄여 조직관리 비용을 절감한다는 사실이다. 그림자 노동의 유행은 고객과 기업이 함께 만들어가고 있는지도 모른다.

쪼개는 공정, 호출형 계약근로자의 등장

20년 넘게 인테리어 공사를 해온 사장을 만난 적이 있다. 보통 '사장님'이라고 하면 직원을 둔 회사를 운영한다. 하지만 그의 사무실에는 직원이 없다고 했다. IMF 사태가 터지기 전에는 간판제작업을 하면서 많을 때는 직원을 13명이나 고용했으나 IMF 이후에 모든 것이 달라졌다는 것이다.

실제로 IMF 이후에 인테리어업계의 노무 생애주기가 바뀌었다. 대기업 근로자인 경우 짧게는 32세, 길게는 38세가 되면 대리 명퇴를 하는 경우가 많아졌다. 대리 명퇴한 사람들이 자구책으로 이직하는 경우도 있지만 프리랜서나 재택근무 하는 경우가 대부분이다. '사장님'도 IMF 사태 이후 인테리어 공사로 직종을 바꾸었다. 특이한 점은 인테리어업계에서 제법 수주를 많이 받으면서도 종업원을 한 명도 고용하지 않는 이유였다. 한 사람에게 외주를 준다는 것이었다.

예를 들어 간판을 제작하는 공장에서는 IMF 이전에는 전 공정을 한 업체에서 관할했다. 그러나 IMF 사태가 터진 이후에는 공정별로 세분화·전문화되어 쪼개졌다. 세분화와 전문화가 심화되면 사업장의 상시 근로자는 감소한다. 간판 디자인, 광고(광고는 인터넷에 클릭당 3000원으로 호스팅), 인쇄, 시공까지 전 공정의 외주화를 통하여 비용을 줄인다. 개인이 외주를 받으면 그 개인은 곧 사업자 신분이 되는 것이며 개인이 직영화되는 셈이다.

이러한 과정에서 하나의 사업주와 하나의 장소에서 근로를 제공하는 자의 노무 형태가 달라진다. 가령 설계업무를 위한 설계사를 상시 채용하여 사업장에서 출퇴근 하는 상용 근로자를 두는 것이 아니라 설계 업무가 있을 때마다 연락하여 설계 건수로 대가를 지불하거나, 명함 카달로그, 전단지 같은 디자인을 그리는 경우 시간당 3만 원 정도의 대가를 지급한다.

이러한 설계사나 디자이너들은 하나의 사업장(사업주) 에서만 일거리를 받아야 하는 제한이 없다. 즉 전속성이 없다. 공정의 세분화 및 전문화는 개인화로 이어지며 조직이나 연대를 어렵게 만든다. 1인 사업장 시대가 성큼 다가온 것이다.

1인 사업장 시대와 더불어 '호출형 계약zero hours contract 근로자'의 시대가 곧 도래할 것이다. 앞서 언급한 디자이너들은 일이 있을 경우에 사업주에게 연락을 받아 시급으로 대가를 받는다. 이와 비슷한 노무 제공의 패턴이 영국에서는 이미 수십년 전에 나타났으며 시간이 흐를수록 그러한 노무제공자가 증가하고 있다.

호출형 계약 근로자는 사업주가 일이 있을 때마다 호출하면 이에 응하여 근로를 제공하고 그 대가인 임금을 시급으로 받는 근로자이다. 이때 최저 근로시간 보장이 명시되어 있지 않기 때문에 '영시간 근로계약'이라고도 한다.

이러한 영시간 근로자는 하나의 사업자에 전속되지 않는다. 즉 한 명의 사업주에게 종속되지 않고, 사업주 역시 특정 영시간 근로자만을 위하여 일거리를 제공할 의무가 없다. 특히 영국에서 영시간 또는 호출형 계약 근로자가 늘어난 현상은 하나의 제도로 인한 결과가 아니라 말 그대로 여러 원인이 복합되어 나타난 '현상'이다. 한국노동연구원 연구위원인 이정희는 《영시간 계약》에서 2012년 런던올림픽이 열리던 시기에 활동하던 'G4S'라는 다국적 기업의 사례를 다음과 같이 소개했다.[14]

지난 2012년 런던올림픽에서 화제가 됐던 많은 이슈들 가운데 보안업무를 맡았던 G4S라는 다국적 기업을 빼놓을 수 없다. 당시 G4S가 고용한 보안요원들과 맺은 계약에 따르면, 사용자의 근로제공 의무 및 근로자의 수락 의무를 명시한 의무의 상호성mutuality of obligation이 없고, 요원들은 아무런 고용

관련 권리를 가질 수 없다. 실제 이 회사는 보안요원으로 지원한 인력들에게 수천 파운드를 지출하며 훈련을 시키기는 했는데, 이 훈련기간과 올림픽 개막식이 열리는 그 사이에는 아무런 업무를 부여하지 않았다. 따라서 그 기간 동안 임금도 없었고, 언제 어느 정도의 업무가 부여될 것이라는 회사의 약속commitment도 없었다. 훈련을 받은 요원들은 그저 기다리고 또 기다렸다. 그러다 떠나기 시작했다. 결과는 G4S의 낭패로 이어졌다. 훈련만 시키고 올림픽 개막식 때까지 그저 기다려야 한다는 조건은 필요인력유지를 불가능하게 했다. 결국 G4S는 올림픽조직위원회와 약속한 만큼의 보안요원을 투입하지 못했다. 이에 따라 계약 불이행에 따른 위약금과 대체인력으로 동원된 군과 경찰에 대한 용역비 등으로 5천만 파운드(약 876억원)를 지급해야 했다.

G4S가 고용한 보안요원은 런던올림픽 경기가 열리는 동안에만 보안업무를 수행할 예정이었다. G4S가 보안요원을 고용할 때, 사용자의 근로제공 의무 및 근로자의 수락 의무를 명시한 의무의 상호성이 없었으며, 그로 인하여 보안요원의 대기시간이 근로시간으로 간주되지 않아서 보안요원이 대부분 훈

련을 받고도 떠난 것이다. 이것이 바로 호출형 계약 근로자의
특성이라고 할 수 있다.

호출형 계약 근로자 또는 영시간 계약 근로자의 지위는 앞
서 언급한 특수형태근로종사자와 유사하다. 상대적으로 호출
형 계약 근로자가 많은 영국에서 'employee'는 한국의 근로기
준법상의 '근로자'와 유사한 지위를, 'worker'는 근로자성을
다투는 특수형태근로종사자와 유사한 지위를 지닌다. 왜냐하
면 호출형, 또는 영시간 계약 근로자들은 근로를 제공받는 사
업장에 대한 전속성이 없고, 일반 근로자들에 비하여 상대적
으로 근로제공의 자율성이 있어서 종업원과 자영업자의 특성
이 혼재하기 때문이다.

영시간 계약을 맺는 개인을 종업원, 근로자, 자영업자 중 어
느 하나로 분류할지 여부는 그들의 종사상 지위와 근로 조건
등이 어떻게 명시적으로 기술되어 있는지와 고용관계의 '실

질'에 의해 판단되는 것이다. 이정희 연구원에 따르면 그 기준은 크게 네 가지가 있다.

첫째, 지휘·감독이다. 근로의 대상과 방법, 행해지는 수단, 행해지는 그 시기를 누가 결정하는지 여부이다. 둘째, 해당 작업이 사업에 어느 정도로 통합되어 있는지 여부이다. 근로계약이라면 사람이 사업의 일부로 이해되고 해당 작업은 사업의 통합적 부분으로 행해지지만 단순 노무 도급인 경우에는 단지 사업에 부수하는 것에 불과하다. 셋째, 경제적 의존성이다. 이 때 기준은 재정 위험이 누구에게 있는지, 자신의 근로 제공에 따라 이윤을 얻을 기회가 있는지 여부 등을 고려한다. 넷째, 의무의 상호성mutuality of obligation이다. 근로를 제공하고, 제공된 근로를 수락하는 계약 당사자 상호 간의 의무가 존재하는지 여부를 따져야 한다.

우리나라의 경우에는 아직까지 영국처럼 고용시장에서 새로운 고용 패턴이 가시적으로 드러나지 않았다. 하지만 앞서 언급한 인테리어업체 사업주의 말처럼 이미 우리나라도 IMF 사태 이후 건축업계처럼 사업자가 아니더라도 개인이 단일 사업주에게 종속되지 않고 필요에 따라 일거리를 건수 또는 시간당 계산하여 보수를 받는 형태가 만연된 업계가 있다. 특히 이러한 호출형 계약 또는 영시간 계약 근로자는 주로 비숙련 업종에 치중되어 있는 경우가 많지만 설계사, 디자이너, 현장 감리 업무 등 한 분야의 전문기술이 필요한 영역에도 존재한다.

이정희 연구원은 영국에서 호출형 또는 영시간 계약 근로자의 규모가 증가하는 원인을 두 가지 측면으로 분석했다. 첫 번째는 고용 유연성에 대한 규제효과이고, 두 번째는 경기 침체에 따른 사용자의 고용 전략 변화다. 앞서 사업주 인터뷰의 내용을 유추해본다면 우리나라의 경우에는 IMF라는 경제 위기와 경기 침체에 따른 생존전략의 일환으로 새로운 고용 패턴이 생긴 것으로 볼 수 있다.

영국에서는 2011년부터 파견근로자보호에 관한 규정이 시행되었다. 이에 따라 사용자가 12주 이상 파견근로자를 사용할 경우, 사용사업주에게 직접고용되어 동일한 근로를 수행하는 근로자들과 동등한 대우를 해야 한다. 그런데 사용자들이 이를 부담스럽게 여기면서 영시간 계약이 늘어났다.

우리나라에서도 〈기간제 및 단시간근로자 보호 등에 관한 법률〉이 이와 비슷한 결과를 초래할 수 있다. 사용자가 기간의 정함이 있는 근로계약을 체결한 기간제 근로자의 경우, 2년을 초과하는 기간제 근로자를 기한의 정함이 없는 근로계약을 체결한 근로자로 간주해야 한다. 영국에서 유행처럼 번진 고용 패턴이 우리나라에서도 가시화될 수 있다. 특히 IMF 사태 이후 기존의 사업을 긴축하면서 전체 사업을 공정별로 잘게 쪼개는 형태로 외주화하는 현상은 노무관계의 개인화 추세라고 볼 수 있다.

을들 사이에 연대감과 공동체의식 없이 외주화가 극단으로 진화하면서 하청사회의 을들 사이에도 엄청난 격차가 이미 벌어지고 있다. 사회적, 문화적 자본이 풍부한 전문직에 종사하는 개인은 일거리를 제공하려는 사업자가 기다리고 있는 현상이 나타나는 반면 진입장벽이 낮은 서비스 직종에 종사하는 개인은 질 낮은 일거리와 낮은 임금을 비롯하여 언제 얼마큼 일거리를 제공받을 것인지에 대한 통제권을 사업주에게 몽땅 넘겨주는 현상이 나타날 수 있다.

이 어려운 외주화의 문제를 어떻게 풀어갈 수 있을까? 연대감이나 공동체 의식이 결여된 개인화로 결국 갑이 독식하고 을들이 무한경쟁하는 하청사회가 유지된다는 사실을 한국 사회는 뼈저리게 체험하고 있다. 오직 을들이 연대하면서 이러한 거대한 흐름을 꿰뚫어보고 이름 붙이고 이야기할 때에만 이를 조금이라도 지연하거나 완화하는 일을 시도할 수 있을 것이다.

4

하청사회의 미래

앞선 2장과 3장에서는 하청사회를 지탱하는 두 개의 기둥인 지대추구행위와 외주화를 살펴보았다. 이를 통해 하청사회의 문제 혹은 하청사회라는 문제를 풀어가기 위해서는 하청사회가 작동하는 데 필요한 거시적 구조화와 미시적 개인화라는 문제를 함께 다루어야 한다는 점을 제시했다.

갑과 을의 위계를 재생산하는 보이지 않는 구조와 제도, 갑과 을이라는 지위를 재생산하는 주체의 태도와 문화를 고찰한 이후에 이 책에서 남은 과제는 하청사회가 어떻게 될지 혹은 되어야 할지를 전망하고 제안하는 것이다.

이번 장에서는 하청사회에서 다시 찾아야 할 가치와 새로 대응해야 할 상황을 다루고자 한다. 하청사회가 잃어버린 '전

146

문가'라는 가치를 재고한 이후에, 무섭게 몰아치는 인공지능이라는 시대적 화두를 어떻게 수용해야 할지를 두고 씨름할 것이다.

1

전문가가 사라진 사회

하청사회에서는 누가 전문가 노릇을 하는가? 최근 주식사기로 경찰에 긴급 체포된 미라클홀딩스 대표 이희진은 그 이전까지 소위 '주식 전문가'로 널리 알려져 있었다. 어떻게 그는 31살의 젊은 나이와 고졸 학력이라는 불리함을 극복하고 주식 투자로 성공한 영웅이 될 수 있었을까?

　그 비결은 방송이었다. 증권 방송에서는 이희진을 전문가로 가공하는 소위 '마사지'를 해주었다. 각 방송에서는 이희진의 재산을 1000억 원에서 많게는 3000억 원이라고 소개했으며 실내수영장까지 완비된 그의 집과 수십억 원대의 슈퍼카를 반복해서 홍보해주었다. 방송이 개인 투자자들에게 이희진이 신뢰할 만하다는 공신력을 제공한 셈이다. 이를 통해 이희진은 무일푼에서 출발해서 신기에 가까운 투자감각으로 엄청난 부를 일군 입지전적 인물로 대중에게 각인되었다. 제법 많은 사람이 이희진의 조언대로 투자하면 자신도 부자가 될 수 있다는 판타지를 따랐다. 많은 개미 투자자가 이희진의 말대로 투자한 결과 엄청난 피해를 보았다. 피해자 모임 측에선 피해자의 수가 3000명이 넘는다고 주장하고 있다.[1]

이희진의 사례를 보다 깊게 파고든 《한국일보》의 취재에서는 상당수의 사람이 방송국에 비용을 지불하고 방송시간을 사는 것으로 전문가로 행세하게 된다고 분석했다.[2] 홈쇼핑에서 회사의 물건을 팔기 위해 방송시간을 사는 것과 같은 방식인 셈이다.

금감원 관계자는 케이블 방송에 출연하기 위해 돈을 지급하고 자신이 주식·증권 전문가임을 강조한다고 밝혔다. 시청자들은 방송의 공신력을 신뢰한다. 방송에 나오기까지 관련자들이 나름대로 일련의 검증과정을 거친다고 믿는다. 하지만 이희진의 사례처럼 미디어의 공신력을 역이용하는 경우에는 수십 년간 시간과 경험을 들여야 얻을 수 있는 전문가라는 타이틀을 단 몇 개월 만에 거머쥘 위험성이 도사리고 있다. 어쩌면 우리는 전문가를 검증하는 별도의 전문가가 필요한 사회에 진입했는지도 모른다.

이반 일리치는 《전문가들의 사회》에서 시민을 전문가의 노예로 만드는 환상을 비판했다.[3] 사용가치에 대한 평가절하라는 환상이다. 예컨대 임금을 받고 가사를 돌본다든지, 비용을 치러야만 부부관계가 가능할 정도가 된다면, 그 어떤 경제도 즉시 붕괴되고 말 것이다. 사람들이 행하거나 만들고 있지만 팔려고 하지 않고 팔 수도 없는 것들이야말로 우리가 매순간 호흡하는 산소처럼 계량 불가능하나 경제에 가장 귀중한 자원이다.

경제 모델이 사용가치를 무시할 수 있다는 환상은 모든 가치를 상품으로 대체할 수 있다는 가정에서 생겨난다. 모든 가치를 상품화할 수 있다는 생각은 모든 가치를 측정 가능한 가격으로 환원시킨다. 어떤 분야를 측정할 수 있다는 것은 측정할 사람이 필요하다는 의미이고, 측정 대상을 측정 기준에 맞춰서 조각조각 분절시킨다는 뜻이다. 소위 전문가의 작업인 셈이다. 각종 자격증이 난무하는 것은 전문가가 나타날 때 벌어지는 현상이다. 오늘날은 전문가가 전문가를 재생산하는 시대이다.

이반 일리치는 전문가의 보증이 전문가들을 양산하는 요인이라고 보았다. 일반인이 도구를 효과적으로 사용하려면 먼저 전문적 테스트를 거쳐야 한다고 여긴다. 청바지가 아무리 간편하고 튼튼한 옷이라 해도 '피에르 가르뎅'이 보증해야 한다는 선입견이 있는 것이다. 또한 자기계발 혹은 자조self-help를 기치로 내걸 때, 전문가들은 필요의 위계질서를 세우기가 더욱 수월해진다. 자력의 힘으로 모든 일을 해내겠다는 신념이야말로 오히려 전문가를 양산하는 지름길이다.

《전문가들의 사회》의 공저자인 존 맥나이트John McKnight는 필요에 대한 전문가적 가정에서 시작해 인간을 불구화하는 세 가지 효과를 비판했다. 첫 번째는 필요를 결핍deficiency으로 해석하는 것이다. 두 번째는 결핍의 소재를 고객 개인에게 두는 전문가적 관행이다. 현대성의 전문가 대다수는 개인의 문제가 사회적, 경제적, 정치적 맥락에서 발생한다는 데 동의하면서도 막상 치료에 들어가서는 개인을 맥락에서 떼어낸다는 공통점을 보인다. 세 번째는 특화specialization이다. 식당이나 정육점에 붙어 있는 부위 별로 나눈 소의 그림처럼 전문적 서비스의 욕구는 사람들의 필요를 토막토막 쪼갠다. 우리는 발을 치료할 족부 전문의가 필요하고, 눈, 귀, 코, 목구멍을 각기 다룰 전문적인 처치사가 필요하다고 믿는다. 또한 결혼이나 자녀 관계와 같이 은밀하고 개인적인 일마저 서로 상관없는 잡동사니 조각

들로 분리하여 처리된다.

시민을 불구화하는 이런 특성은 하나의 이데올로기로 수렴된다. 즉 시민을 고객으로 바꾸어버리고 공동체를 결핍된 개인들의 집단으로 떨어뜨리며 정치를 전문가들끼리 하는 자족적 논쟁으로 만들어버리는 이데올로기이다. 이제 정치란 GNP에서 어떤 서비스가 더 큰 비중을 차지해야 하는지를 두고 다투는 일에 지나지 않는다.

전문가들의 사회란 전문성을 내세운 전문가들이 설정한 전문 영역을 그들 스스로 설정하고 이를 둘러싼 장벽을 더욱 넓고 높게 축조하면서 만들어진다. 자칭, 타칭 전문가들의 시대를 살아가려면, 전문가 행세를 하는 비전문가를 가려낼 수 있어야 한다. 그렇지 못하면 이반 일리치의 예언대로 전문가의 노예가 되어버릴지도 모른다. 우리는 전문가라는 사람들을 언제 얼마나 신뢰해야 하는가를 두고 계속해서 고민해야 한다.

데이비드 프리드먼David Freedman은 《거짓말을 파는 스페셜리스트》에서 경영기법의 유행을 언급했다.[4] '테일러리즘'으로 알려진 과학적 관리기법은 테일러가 애초에 시작한 현장에서 2년 만에 폐기되었다. 하지만 경영학 교수와 컨설턴트들은 이제 막 관심을 끄는 새로운 해결책으로 옮겨갔으며, 그 후 나온 여러 해결책도 결국 한계점이 드러나 교체되었다. 이것이 오늘날까지 반복되는 패턴이다.

2002년, 40년 동안의 경영이론 열풍(갑작스럽게 유명해졌다가 이름도 없이 사라지는 아이디어)을 조사한 《하버드 비즈니스 리뷰 Harvard Business Review》의 연구는 여러 경영이론이 대개 '단순하고' '규범적이고' '잘못된 격려를 제공하고' '만병통치약 같은 처방을 내놓고' '시대조류에 따르고' '새롭지만 근본적이지 않은' 특징을 보인다고 지적했다.

구글 엔그램 뷰어에서 한때 유행한 몇몇 경영기법의 추세를 살펴보면 이러한 패턴을 보다 뚜렷이 이해할 수 있다.

여기서 흥미로운 패턴을 읽을 수 있다. MBO가 한창 유행을

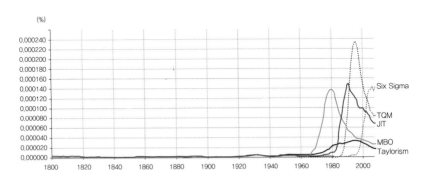

'Six Sigma, TQM, JIT, MBO, Talorism'으로 검색한 결과

타다가 수그러들 즈음 JIT가 붐을 일으켰고, 그 붐이 다시 사그라질 때 TQM이, TQM이 저물 때 Six Sigma가 부상한 것이다. 전문가나 경영컨설턴트들은 이런 식으로 자기네들의 일을 해왔다. 이러한 경영기법의 유행은 사기업뿐만 아니라 공공 영역의 조직으로 그 전문성의 영역을 확장했다. 그러나 유행이 곧 전문성을 대신하지는 않는다. 트렌드에 빠지면 전문성으로 무장한 전문가들에게 쉽게 현혹될 수 있다는 위험을 늘 유념해야 한다.

물론 진정한 전문가들은 고유의 영역에서 전문지식을 보유하고 있다. 그 지식은 쉽사리 전승할 수 없는 직관이라는 요소를 포함한다. 게리 클라인Gary Klein이 《인튜이션》에 소개한 사례는 이를 예증한다.[5]

주택가에 있는 단층집에 단순한 화재가 발생했다. 화재가 난 곳은 집 뒤편에 있는 부엌이었다. 소방반장은 호스를 든 대원들을 이끌고 건물 뒤로 가 물을 살포하기 시작했으나 불은 여전히 활활 타올랐다. 그는 불길을 보면서 중얼거렸다.

"그것 참 이상하네."

물을 그만큼 뿌렸으면 효과가 있어야 했다. 다시 물을 뿌려도 결과는 마찬가지였다. 대원들은 뒤로 약간 물러나 대열을 갖추었다. 바로 그때 그에게 이상한 예감이 들었다. 명확한 징후는 없었지만 그 집에 계속 있으면 안 된다는 생각이 퍼뜩 들었다. 그는 대원들에게 밖으로 나가라고 소리쳤다. 색다를 것 없는 지극히 평범한 건물이었지만 그의 뇌를 흔드는 예감이 있었다. 그와 대원들이 서둘러 건물 밖으로 나오자마자 그들이 서 있었던 바닥이 내려앉았다. 순식간에 일어난 일이었다. 만약 대원들이 건물 안에 있었다면 지하의 불구덩이 속으로 떨어져 사망했을 것이다.

게리 클라인이 인터뷰한 소방반장은 그때 본인이 왜 갑자기 대원들에게 밖으로 나가라고 소리쳤는지에 대해서 잘 알지 못한다고 했다. 그냥 뭔가 불편한 기분이 들었고 심지어는 본인이 어떠한 초능력을 가지고 있는지도 모른다고도 대답했다. 그러나 그것은 초능력 때문은 아니었을 것이다. 수많은 화재 현장에서 화마와 싸우면서 말로 설명할 수 없는 노하우가 그의 머릿속에 차곡차곡 쌓인 결과일 것이다.

조나 레러Jonah Lehrer라면, 이를 도파민이라는 예측 신경세포로 불렀을 것이다.[6]

사과즙에 앞서 소리에 노출된 원숭이 실험에서 원숭이의 도파민 신경세포는 다양한 변화를 정교하게 감지할 수 있는 능력을 갖추게 된다. 신경세포의 예측이 정확한 것으로 드러나고, 또 정해진 시간에 반드시 상이 주어진다면 그 순간 원숭이는 뇌에서 도파민을 방출하면서 예측이 옳았다는 쾌락을 느낀다. 하지만 그런 유형이 깨어질 경우, 즉 소리가 들렸는데도 사과즙이 주어지지 않는 경우에는 원숭이의 도파민 방출량은 감소한다. 원숭이는 사과즙에 대한 예측이 잘못된 탓에 불쾌감을 느낀다. 기대와 연관되어 있는 도파민 신경세포는 이러한 경우에는 이런 결과가 나타난다는 경험을 토대로 끊임없이 습관을 형성한다. 즉, 빛이 비치면 소리가 나고, 소리가 나면 사과즙이 상으로 주어진다는 사실을 감지한다. 다시 말해 서로 어울리지 않는 현실이 상호연관성을 갖는 체계를 구축하면서 뇌가 다음에 일어날 일을 예측하게 되는 것이다. 그 결과 원숭이는 달콤한 사과즙이 주어지는 시기를 재빨리 터득한다. 모든 것이 계획대로 진행될 경우 도파민 신경세포는 쾌락 물질을 방출하고, 원숭이는 행복해진다. 하지만 이러한 기대가 충족되지 못하면, 다시 말해 약속된 사과즙을 먹지 못하면 원숭이의 도파민 신경세포는 곧바로 파업에 나선다. 그 즉시 예측이 잘못되었다는 신호를 보내 도파민 방출을 중지시키는 것이다.

이를 토대로 소방반장 사례를 다시 설명해보면, 물을 살포하면 불길이 수그러들어야 한다는 전형성과 익숙함에서 벗어난 상황을 접한 그의 뇌에서는 도파민 신경세포의 방출이 줄어들었거나 중지되었을 것이다. 그 소방반장은 도파민 분비의 중지로 인한 불쾌감을 느낀 덕분에 나머지 소방대원을 위험에서 구할 수 있었다.

그러나 소방대원의 복장을 입고 소방반장의 자리에 있다고

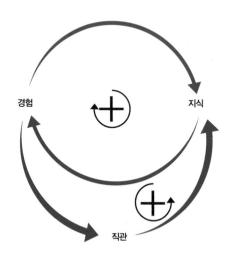

해서 누구나 이러한 직관을 발휘할 수 있는 것은 아니다. 머리가 좋아 승진시험을 단번에 통과했다고 업무와 관련된 인지력이 하루아침에 대폭 상승하는 것은 아니듯이. 현장에서 실무경험을 오래도록 쌓아야 하는 것이다.

의사결정(판단)을 위한 경험과 지식의 관계를 옆 도식처럼 형상화할 수 있다. 경험은 지식을 낳고, 다시 지식은 경험을 기반으로 재생산되는 선순환의 관계에 있다. 그리고 경험과 지식의 선순환이 오래도록 반복되다 보면 그 분야에서 남다른 직관이 생긴다.

게리 클라인에 따르면, 직관은 비일상적인 의사결정 상황에서 기능을 수행한다. 단서와 정보를 풀이해 상황을 해석하고 문제를 진단하며 사건을 미리 보여주고 머릿속에 행동방침을 떠올려 대비하게 해서 기대치를 생성한다. 또한 위험요소를 탐색함으로써 행동방침을 평가해서 그 행동방침을 채택할지, 변경할지, 대안을 모색할지를 결정할 수 있도록 한다.

마이클 이러트Michael Eraut는 경험과 전문가의 관계를 5가지 기술습득 단계로 다음과 같이 정리했다.[7]

초보 수준인 1~2단계에서는 규정된 규칙이나 룰에 집착한다. 상황을 규칙에 가두고 판단하려는 것이다. 하지만 이러한

경험과 전문가의 관계

단계	기술습득(skill acquisition) 단계
1단계	초보단계(Novice): 규정된 규칙이나 룰에 집착하고 상황인지력 부족
2단계	숙련된 초보(Advanced Beginner): 관점이나 상황의 성격에 기반한 결정, 모든 상황이나 관점의 가중치를 동등하게 구분하여 부여함
3단계	능숙한 단계(Competent): 다양한 상황을 접하려 하고, 표준화되고 정형적인 과업처리
4단계	유능한 단계(Proficient): 관점을 쪼개서 보지 않고 전체적으로 상황을 인지하고, 정상적인 패턴에서 벗어난 상황을 볼 줄 알고 상황에 따른 지침을 최대한 활용
5단계	전문가(Expert): 규칙이나 기준에 의존하지 않고, 암묵적인 이해에 기반하여 상황을 직관적으로 인지

경험이 반복되면 상황이 머릿속에 그려지고 경험에서 쌓인 노하우를 바탕으로 상황 패턴을 인식하게 된다. 기술습득 5단계의 전문가 수준에 오르면 머릿속에 쌓여 있는 '암묵지'를 상황에도 응용할 수 있다.

물론 전문가의 지식은 하루아침에 터득되는 영역이 아니다. 버트런드 러셀Bertrand Arthur William Russell은 《게으름에 대한 찬양》에서 두 가지 종류의 일에 대해서 언급했다.[8] 첫 번째 종류의 일은 지표면 가까이 있는 물질을 다른 물질과 자리를 바꿔놓는 일이다. 즐겁지 않고 보수도 박한 일이다. 반면 두 번째 종류의 일은 타인들에게 그런 일을 하도록 시키는 일이다. 즐겁고 보수도 높은 일이다.

그런데 우리 사회의 현실에서는 전문가가 주로 첫 번째 종류의 일을 하고, 경력자가 두 번째 종류의 일을 한다고 여기는 경향이 있다. 첫 번째 종류의 일은 조직에서 직급이 낮은 분야의 실무자, 즉 조직에서 영향력이 크지 않은 사람들이 담당한다. 반면에 두 번째 종류의 일은 직위가 높은 경력자가 맡아 첫 번째 종류의 일을 전문가에게 부과한다. 이들의 영향력은 크지만 실무의 노하우가 없는 경우가 많다. 이처럼 왜곡된 구조 때문에 전문가와 경력자를 혼동하게 된다.

세월호 참사를 겪으면서 우리 사회가 전문가를 어떻게 대하는지의 문제가 수면 위로 드러났다. 영화 〈다이빙벨〉을 통해 우리나라 관료사회가 전문 잠수부들을 어떻게 대하는지를 여과 없이 목격할 수 있다. 해난구조 전문가인 이종인 알파잠수 기술공사 대표는 참사 6일째(2014년 4월 21일) 되는 밤에 자발적으로 1억 5000만 원을 들여 구조 현장을 찾아와 도움의 손길을 뻗었다. 그러나 해경은 반나절이 넘도록 그에게 사고 현장에 접근할 수 있는 허가를 내주지 않았다. "지금 못 가고 있는 이유가 무엇인가"라는 질문에 이종인 대표는 이렇게 답변했다.

"해경에서 못 나가게 해, 이게(다이빙벨) 들어가면 여태까

지 정부에서 한 게 다 공갈이라는 게 드러나거든."

전문가는 전문가를 알아본다. 박근혜 정부가 이종인 대표의 현장 접근을 막은 이유를 정확하게 알 수는 없지만, 정부가 전문가를 제대로 활용하지 못했다는 사실은 분명하며 그 책임은 전적으로 정부에게 있다.

한편에서는 해경과 언딘 측에서 의도적으로 다이빙벨의 설치를 방해했다고 하더라도, 그것이 효과적이라는 근거가 없다는 비판을 하기도 한다. 일반적인 다이빙벨은 세 개의 케이블로 지탱되는데 이종인 측의 다이빙벨은 단일 케이블에 의지했고 그 결과 공기 공급 중단이 빈번했다는 주장이다. 급류 속에서 동체의 안정성에 대한 의문 또한 제기되었다. 하지만 이와 같은 전문가에 대한 비판은, 그런 비판이 과연 전문적인지에 대한 일반인들의 판단 역시 비전문적이라는 모순된 상황에 직면하게 된다.

우리의 과제는 전문가에게 사기를 당하지는 않을까 하는 걱정이 아니다. 과연 우리 사회에 전문가다운 전문가가 있는지, 사회가 그러한 전문가를 제대로 대우하고 있는지를 물어야 하는 것이다.

세월호 참사 이후 전 세계가 한 장의 사진 때문에 충격을 받았다. 오바마 미국 대통령이 오사마 빈 라덴의 급습작전을 논의하는 자리에서 해당 분야의 책임자이자 전문가에게 자리를 양보한 모습이 담긴 사진이었다. 미국에서 최고 권력자가 그 어떠한 의전을 받지 않고 쪼그려 앉아 작전을 모니터하고 있는 모습은 큰 인상을 남겼다.

일반인들은 전문가를 대놓고 의심하기를 꺼린다. 한 분야에

백악관 상황실의 모습

오랫동안 수련하여 정통한 지식을 얻기까지의 과정을 존중하는 것이다. 이렇게 전문가를 인정하는 문화가 자리를 잡을 때 진정한 전문가의 권위가 설 수 있다.

하지만 오늘날 우리 사회에서는 사회학습적 지대추구가 마치 유행처럼 번지고 있다. 이는 우리 사회에 전문가다운 전문가가 부족하기에 나타나는 부작용의 하나이다. 한 분야에서 연륜과 경험을 쌓아 전문성을 키우기보다는 단기간에 인지도와 유명세를 얻어 이익을 위한 지대를 확장하는 것을 전문성이라고 착각하고, 그 또한 능력으로 용인하는 문화가 가짜 전문가, 즉 지대추구자들을 양산하는 토양이 되는 것이다.

외주를 받는 하청업체는 대개 영세하다. 하지만 전문가의 관점에서 보자면 실무에 가장 능한 업체이며, 그 구성원이야말로 그 분야의 진정한 전문가라고 할 수 있다. 그런 그들을 우리 사회는 일거리를 받는 '을'이라고 부르며 홀대하고 있다.

갑이 을에게 외주를 맡기는 업무는 위험이 크고 사회적으로 그리 좋은 대우를 받지 못하는 일거리가 대부분이다. 그러나 헤겔의 유명한 '주인과 노예의 변증법'처럼 외주업체 또는 하청업체가 바로 그러한 일들을 실제로 수행하는 전문가이다. 그 전문가들을 정당하게 대우해주어야 한다. 하지만 안타깝게도 하청사회에서 을들은 전문가다운 대접을 받지 못한 채 무슨 일이 생길 때마다 책임을 뒤집어쓰고 만다.

오늘날 우리는 분절화되고 개인화된 관계의 시대를 살고 있다. 이것이 바람직하고 합리적인 방향으로 개선되기 위해서는 갑과 을, 원청과 하청 사이에 책임 있는 관계와 연대의 끈을 다시 형성해야 한다.

현재 갑과 을 사이에는 악순환이 계속되고 있다. 업무의 강도나 책임의 소재지가 모두 원청에서 하청으로 향하는 일방향의 단선적 흐름이 대세를 이룬다. 이는 원청이 수익을 모조리

가져가고 손해는 하청이 모조리 떠맡는 악순환으로 이어진다. 이 악순환은 단 한 사람, 하나의 사업장의 힘으로는 끊을 수 없다. 무시무시하게 빠르게 변하는 첨단의 시대, 개인으로 분절화된 채 갑과 을의 불평등만 가속화되는 하청사회는 더 이상 결코 지속될 수 없으며 또 지속되어서도 안 된다.

2
인공지능의 등장

인공지능은 정말 두려운 존재인가

유능한 프로그래머인 남자 주인공이 인공지능 개발자에게 초대받는다. 그는 인공지능 개발자가 창조한 인공지능 로봇이 인간처럼 보이는지에 관찰하는 일을 받는다. 즉 사람이 보기에 인공지능 로봇이 생각하고 감정을 느끼는지, 인간과 비교해 볼 때 전혀 손색이 없을 정도로 자연스러운지 평가하는 것이다.

이를 튜링 테스트라고 부른다. 초창기 튜링 테스트에서는 인간이 키보드만 가지고 인간과 컴퓨터를 상대로 질의응답 과정을 거쳐 누가 인간이고 컴퓨터인지를 분간하기 어려울 때 그 컴퓨터에 대해 튜링 테스트를 통과한 것으로 간주했다. 그런데 여기서 남자 주인공의 튜링 테스트 방식은 인공지능 로봇과 대화를 나누는 것이었다. 인공지능 로봇은 뭇 남성들이 봐도 한눈에 들어올 정도의 아름답고 매혹적인 외모를 지닌 여자의 모습을 띠고 있었다.

대화를 거듭할수록 여자 로봇은 남자 주인공에게 호감을 보이고, 남자 주인공 역시 여자 로봇이 외딴 곳에서 갇혀 지내는 것을 안타까워하며 인간에게 느낄 만한 유대감을 형성한다. 그러나 테스트 말미에 이르러 남자 주인공은 외딴 곳에 갇히게 되고 인공지능 로봇에게 철저하게 속았음을 깨닫게 된다. 테스트를 하는 인간 주체가 오히려 로봇에게 테스트를 당한 꼴이다.

이는 2015년에 개봉한 영화 〈엑스 마키나Ex Machina〉의 대략적인 줄거리이다. 인공지능 로봇이 나오는 이 영화 역시 암울한 미래를 암시하는 영화 중 하나이다. 지금까지 로봇과 인간의 관계를 다룬 영화가 많이 나왔다. 그중 가장 아이러니한 주제는 인간이 만든 인조 로봇에게 인간이 감정을 쏟아내고 그 감정에 사로잡혀 사물에게 감정이입을 하게 된다는 것이다.

2013년에 개봉한 영화 〈그녀Her〉도 마찬가지였다. 이 영화에서 남자 주인공과 대화하는 상내방은 여성 목소리를 가진 인공지능 운영체이며 목소리만 들을 수 있다. 매력적인 실루엣을 지닌 인공지능 여성 로봇을 그린 〈엑스 마키나〉와 달리, 〈그녀〉의 인공지능은 실체가 없다. 남자 주인공은 대화하는 대상이 인공물임을 분명히 인식하면서도 인공지능에게 감정을 쏟는다.

〈그녀〉는 인간이 매우 불합리한 존재일지도 모른다는 질문을 던지는 영화이다. 다른 한편으로는 인공지능에게 인간이 확보했던 지구의 주인자리를 빼앗길 수 있다는 두려움을 주기도 한다. 그런데 이러한 고민을 더욱 깊게 만드는 요소는 완벽한 지능을 갖춘 인공지능의 존재만이 아니다. 바로 우리 인간의 모습에서도 찾을 수 있다.

게르트 기거렌처Gerd Gigerenzer는 《생각이 직관에 묻다》에서 기억에 한계가 없는 인물을 소개한다.[9] 그는 엄청난 정보를 듣고 그러한 정보를 그대로 기억해 내는 동시에 새로운 정보들 때문에 망각되어야 할 정보를 시간이 흐른 뒤에도 그대로 재현할 수 있었다. 그러나 모든 것을 기억하는 이 사람에게는 치명적 단점이 있었다. 그는 어떤 이야기를 읽을 때 단어 하나하나까지 정확히 암기할 수 있었지만, 그것을 요약하는 것은 상당히 힘들어했다.

그는 주어진 정보를 기반으로 정보를 새롭게 각색하는 능동적인 기억 활동은 할 수 없었던 것이다. 가령 은유나 시, 동의어, 동음이의어 같은 것을 잘 이해하지 못했다. 보통 사람들이 망각하는 세밀한 정보가 머리를 가득 채우기 때문에 이미지와 감각의 흐름에서 보다 높은 차원인 요점, 추상, 의미 파악 등 현실에서 발생하는 일에 대한 인지 수준까지는 도달하지 못하는 것이다.

만약 유추나 추론 같은 인간의 전형적인 감정 활동이 제대로 활성화되지 않는 사람이 앞서 언급한 영화의 남자 주인공으로 대체되었다면, 아름다운 여인의 실루엣을 가진 인조물에게 속지 않았을 것이다. 또한 여성 목소리를 내는 인공지능 비서에게 사랑의 감정을 느끼지도 않았을 것이다. 바꿔 말하면, 인지 기능이 부족하거나 뇌 영역의 일부만 발달한 사람은 인공지능 같은 인조물과 비슷한 면이 있다고 짐작할 수 있다. 그러므로 뇌 기능이 정상적인 우리가 인공지능에게 보이는 막연한 두려움은 어쩌면 당연한 인지작용인지 모른다.

구글이 만든 인공지능 바둑 프로그램인 알파고가 인간과의 바둑 대결에서 승리하여 세상에 다시 인공지능의 붐을 일으켰을 때, 사람들은 무의식적으로 지금까지 인공지능과 관련하여 노출된 정보들의 연상 작용을 일으켰다. 바둑경기에 불과하지만 '인간과 기계의 대결'이라는 틀이 디스토피아적 정보와 연계되면서 기계에 대한 두려움을 확대한 것이다.

인공지능을 갖춘 로봇이나 인공지능이라는 존재 자체로 인하여 인간의 일자리를 빼앗길 것이라는 어두운 상상력 또한 인간이기 때문에 생기는 자연스러운 인지작용 때문이다. 디트리히 되르너Dietrich Dörner는 《선택의 논리학》에서 사람들이 미래를 예측하는 사고구조를 '추정적 구조'라고 이름 붙였다.[10] 사람들은 자기가 서 있는 자리에서 미래를 추정한다. 사람들이 처음 자동차를 보았을 때 그것을 '말馬 없는 마차'라고 생각했다. 마차라는 기존 정보 없이 곧바로 자동차를 상상할 수 없었기 때문이다. 인간은 현재의 연속선상에 미래를 예측한다. 그래서 현재의 상황이나 구조를 지속하려는 욕망이나 그 구조에 대한 거부감이 미래를 예측하는 데 영향을 미친다.

이세돌과 알파고의 바둑경기를 앞두고 있던 시점에 우리 인간들은 결과를 예측할 수는 없었지만 내심 인간이 기계를 이겨주길 바랐다. 그 이유는 컴퓨터와 같은 기계를 기반으로 하는 지능이 발달하더라도 인간이 이를 제어할 수 있기를 희망하기 때문일 것이다. 그러나 이세돌이 알파고에 패배한 이후 인공지능이 우리 삶을 위협한다는 느낌은 우리가 과잉으로 상상력을 발휘한 결과가 아닐까? 현재의 상황에 따라 지금의 구조를 유지하고 싶어 하는 과소적 상상과 그 반대로 지나치게 의미를 부여하는 과잉 상상은 모두 지극히 인간적인 상상력에서 비롯되는 것이다.

인공지능이라는 기술담론과 지대

플라톤의 《국가》에는 소크라테스가 분류한 다섯 가지 정치체제와 그에 어울리는 사람의 유형이 소개된다.

첫 번째는 뛰어난 한 사람이 통치하는 '군주 정치체제'와 여럿이 통치하는 '귀족 정치체제'이다. 이 둘은 유사한 측면이 많다. 소크라테스는 군주 및 귀족 정치체제 외에도 네 가지 정치체제를 제시했다. 두 번째는 스파르타식 정치체제인데 '명예 정치체제'timocracy이다. 지혜가 아니라 지도자의 용기(전쟁 승리)를 바탕으로 한다. 세 번째는 '과두 정치체제'이다. 과두 정치체제에서는 부유한 사람이 통치하고 가난한 사람은 통치에 관여하지 못한다. 네 번째는 '민주 정치체제'이다. 오늘날

에는 국민이 주권자로 여기는 민주 정치체제를 최선으로 간주한다. 소크라테스도 민주 정치체제가 가장 아름다울 가능성을 보지만, 일반 대중이 절제라는 덕목을 지키지 못하고 통치자의 자질을 갖추지 못해 정치가 제대로 이루어지지 않는다고 비판한다. 마지막은 '참주tyranny 정치체제'이다. 이는 흔히 불법으로 권력을 잡은 왕이 다스리는 전제 정치체제를 뜻한다. 소크라테스는 무절제한 민주 정치체제에서 참주가 민중의 선도로 부상한다고 보았다. 참주 정치체제는 억압을 바탕으로 전개되며 노예화를 낳는다. 소크라테스는 참주정치를 최악의 체제로 보았다.

소크라테스는 정치체제가 군주·귀족정치−명예정치−과두정치−민주정치−참주정치의 순으로 이어지며 바람직하지 않은 방향으로 변질된다는 암울한 전망을 내놓았다. 특히 소크라테스는 오늘날 가장 합리적이라고 여기는 민주 정치체제를 이렇게 꼬집었다. 민주정치에서 최우선으로 내세우는 가치는 자유이다. 하지만 자유에 대한 끝없는 욕망과 그로 인해 파생하는 다른 결과에 대한 무관심은 민주 정치체제를 망치고 결국 참주 정치체제를 요청하고 만다.

소크라테스는 자유를 절제하지 못하면, 그것이 개개인의 감정에 스며들어 마침내 무정부 상태가 만연할 것이라고 비판했다. 예를 들면 부모는 자식을 두려워하고 자식은 부모 앞에서 부끄러워하지 않는다. 거류민은 시민과 같아지는 반면 시민은 거류민과 같아진다. 또한 선생이 학생을 무서워해 이들에게 아첨하는 반면 학생은 선생을 경시한다. 민주 정치체제에서는 자유가 극대화된다. 노예가 주인 못지않게 자유롭고 여자도 남자 못지않게 자유롭다. 다시 말하면 지나친 자유가 시민들의 영혼을 민감하게 만들어 어떤 형태의 굴종도 참지 못하게 되며, 결국에는 법률조차 아랑곳하지 않게 만드는 정치체제라고 본다.

소크라테스는 민주정치가 참주정치로 바뀌는 요인을 지나친 자유라고 보았다. 프랑스 철학자 자크 랑시에르Jacques Ranciere가 《민주주의는 왜 증오의 대상인가》에서 말한 것처럼 민주주의 통치를 위기로 몰아넣는 요인은 다름 아닌 민주적 삶의 심화이다.[11]

소크라테스가 구분한 여러 정치체제를 살펴본 까닭은, 현재 인공지능과 같은 미래의 기술담론을 어떻게 받아들여야 하는지 질문하기 위해서이다. 인공지능 담론이 그리는 미래는 피할 수 없는 새로운 사회체제인 것일까? 현대를 살아가는 많은 사람은 민주주의를 가장 바람직한 가치로 여기고 있다. 그러나 민주주의가 성숙할수록 평등이라는 가치가 훼손될 위험이 있다는 사실을 직시해야 한다.

민주주의가 정착된 선진국가에서 경제적 부는 대부분 소수의 사람들에게 쏠려 있다. 조지프 스티글리츠는 《불평등의 대가》에서 미국의 불평등이 얼마나 심각한지에 대해 첫 장부터 강조하고 있다.[12]

인공지능과 같은 과학기술을 선도하는 주체는 누구인가? 갑부이거나 그 갑부가 소유하고 있는 사기업이다. 이 때문에 오늘날 과학기술은 공공재가 아니라 사유물처럼 여겨지고 있다. 21세기의 과학기술 개발은 국가 정책의 우선순위나 동종업계의 평가에 의해 이루어지는 것이 아니다. 거대 자본을 가진 몇몇 개인의 선호에 따라 이루어지고 있다.

특히 인공지능 같은 최첨단 과학기술 담론은 구글 같은 거대기업이 주도한다. 개인에게는 자본을 바탕으로 기술을 계발하고 다시 이를 시장에서 선점할 뿐만 아니라 독점하려는 경향을 막을 만한 능력이 없다. 마치 마이크로소프트가 자사의 윈도우 프로그램에 인터넷 브라우저 프로그램을 끼워서 판매했던 사례와 유사하다. 마이크로소프트는 윈도우 운영체제의 독점적 지위를 이용하여 다른 시장에 대한 지배력을 증대하기 위해 자기네 운영체제에 새로운 인터넷 브라우저 프로그램을 끼워 팔아 경쟁사의 프로그램 출시를 억제하려 했다.

소크라테스가 말한 정치체제의 변화 유형을 참고해 기업들의 행보를 살피면 앞으로의 변화를 가늠해볼 수 있지 않을까? 기술력을 독점한 소수가 국가를 마치 시장처럼 점유하는 체제가 도래할 우려는 없을까?

《허핑턴포스트 코리아》는 2016년에 물속에서 산소통 없이 숨을 쉬게 해주는 초소형 장비인 일명 '인공 아가미'가 개발되었다는 소식을 전했다. 그리스 신화에 나오는 바다의 신 이름을 딴 '트라이톤'이라는 스쿠버 마스크였다. 이 인공 아가미는 한 번 충전하면 45분 정도 물속에서 사용할 수 있다는 장점을 내세우며 크라우드펀딩 서비스 '인디고고'에서 사전 주문을 받았다. 목표 모금액은 5만 달러였는데 펀딩 종료를 한 달 앞두고 2016년 4월 초순에 27만 달러가 모였을 정도로 세상의 주목을 받았다.

그러나 전문가들로부터 물속에 녹아 있는 산소를 뽑아내는 기술에 대하여 끊임없는 질문과 의혹을 받자 인공 아가미 트라이톤은 '액화산소'를 사용하며 이것이 다른 컴포넌트와 결합해 물속에서 숨을 쉬게 해준다며 기존의 입장을 수정했다. 트라이톤 쪽은 이와 함께 기존 투자자를 대상으로 환불을 진행하고 인디고고를 통해 처음부터 다시 펀딩을 받고 있다.

인공 아가미 개발 소식이 전해진 지 8개월 만에 인공 아가미 개발자는 '기술적으로 불가능했다'는 사실을 실토했다. 전 세계적인 사기극이었던 것이다.

이를 국가의 대규모 기술투자 프로젝트에 확장해서 유추해보면, 한 나라가 미래기술이라는 매력적인 유혹에 빠져 엄청난 사기를 당할 가능성이 매우 농후한 세상이다. 실제로 자본력이 막강한 기업에서는 실체 없는 신상품을 그럴듯하게 세상에 공표하기도 한다. 그것이 바로 책 초반에 언급한 베이퍼웨어 사례들이다. 베이퍼웨어란 '증기 제품'이란 뜻으로 하드웨어나 소프트웨어 분야에서 아직 개발되지 않은 가상의 제품을 가리킨다.

경제용어 중에 '캐즘'chasm이라는 단어가 있다. 신기술이 처음 개발된 후 시중에 보급되기까지 수요가 정체되는 현상을 뜻한다. 가령 태블릿 PC가 대중적으로 보급되는 데는 10년이 걸렸다. 캐즘 현상은 신기술을 바탕으로 개발된 상품이 실제로 존재함을 전제로 한다. 반면에 베이퍼웨어는 실체가 없는 제품이다. 베이퍼웨어라는 말이 나오게 된 계기는, 의도적인 마케팅 전략이거나 아니면 본래 취지는 그렇지 않았는데 기술적인 이유 등으로 인해 출시 시기가 약속보다 늦춰진 것으로 나눠진다고 한다. 막강한 시장 지배력을 지닌 사기업에서 베이퍼웨어의 사례를 많이 볼 수 있다.

《한국경제매거진》에서 소개한 마이크로소프트의 사례가 있다. 지난 1980년대 중반, 마이크로소프트는 경쟁관계에 있던 다른 유명한 소프트웨어회사가 워드프로세서를 준비하고 있다는 정보를 입수했다. 당시는 고만고만한 워드프로세서들이 도토리 키 재기 식으로 각축을 벌이던 때였다. 유명 경쟁업체가 시장에 뛰어들 경우 마이크로소프트는 시장을 놓치게 될 판이었다. 이때 마이크로소프트는 곧바로 기자회견을 열어 자신들도 워드프로세서를 개발 중이라고 발표했다. 이 회견이 기사화되자 경쟁업체들은 마이크로소프트와 경쟁하기 힘들다고 판단하고 워드프로세서 개발 작업을 포기했다. 그러나 'MS 워드'가 실제로 시장에 나온 것은 개발 중이라는 발표가 나오고 한참 후였다. 이는 베이퍼웨어 마케팅의 전형적인 예로 꼽힌다.

베이퍼웨어 같은 새로운 기술 개발을 앞세워 장밋빛 미래를 장담하는 기술담론의 유행은 다양한 가치 영역에 투자해야 할 국가의 재원을 부당하게 획득하려는 새로운 형태의 지대추구 행위라고 할 수 있다.

인공지능의 등장과 미래의 고용

《연합뉴스》는 2016년 6월 1일에 인공지능, 로봇 등 정보통신기술ICT 발전이 가져올 미래에 대해 일반인과 전문가 모두가 다소 암울한 전망을 하고 있다고 보도했다.

한국직업능력개발원은 일반인 745명과 미래예측포럼 회원 133명 등 878명을 대상으로 실시해 5월 31일 내놓은 '미래에 대한 인식 및 미래 전망 시나리오 설문조사' 결과를 소개했다. 설문조사 결과, 응답자의 76.4퍼센트는 기술 발전으로 향후 5년 내 고용 유연성이 증가해 좋은 일자리가 감소할 것이라고 답했다. 또한 좋은 일자리를 찾아 우수한 인력의 해외 유출이 증가할 것이라는 응답도 83.5퍼센트에 달했다. 응답자의 83.5퍼센트가 복지와 일자리를 둘러싼 세대 간 갈등이 심화될 것이라고, 71.9퍼센트는 고령화와 복지 확대로 공공재정이 고갈될 것이라고 전망했다. 이와 대조적으로 혁신추구형 창업이 증가해서 새로운 성장 동력을 발굴할 것이라는 낙관적인 전망은 56.4퍼센트에 그쳤다.

이러한 내용의 기사는 인공지능이 회자되기 전에도 있었으며 앞으로도 계속될 것이다. 문제는, 인공지능 기술의 등장과 발달로 인해 기존의 일자리 전체 파이가 줄고 그 줄어든 파이를 차지하기 위해 서로 치열하게 경쟁해야 한다는 공포심을 부추기는 것이다. 고급 기술의 등장은 기존 일자리를 다소 감소시킬 수 있지만, 그와 반대로 새로운 일자리가 생길 여지도 있다. 양극단의 스펙트럼 중에서 완벽은 아니더라도 어느 정도 균형은 이룰 것이다.

일자리가 줄어든다는 공포심보다 더 심각한 문제가 있다. 알파고 같은 인공지능의 유행에 함몰되어 기계화 기술의 등장으로 인해 고용형태가 악화되어온 하청사회의 진실을 보지 못하는 것이다.

현실에 눈감기보다는 현실을 똑바로 보기 위해 눈을 더욱 부릅뜨자. 을들이 하청사회를 유지하는 보이지 않는 힘, 특히 갑의 지대추구행위와 외주화를 보기 시작한다면 긍정적인 변화가 시작될 것이다.

1 하청사회의 탄생

1 곽정수, 〈양극화를 심화시키는 불공정 하도급거래〉, 《월간 복지동향》 162 (2012. 4), 23쪽.

2 같은 논문, 24쪽.

3 박현정 기자, 〈[뉴스AS] 구의역 김군을 죽음으로 몰아넣은 10가지 배후〉, 《한겨레신문》, 2016년 8월 3일.

4 조지프 스티글리츠, 《불평등의 대가: 분열된 사회는 왜 위험한가》, 열린책들, 2013, 130쪽.

5 E. K. 헌트 · 마크 라우첸하이저, 《E. K. 헌트의 경제사상사》, 시대의창, 2015.

6 곽정수, 〈양극화를 심화시키는 불공정 하도급거래〉, 24쪽.

7 군터 뒤크, 《왜 우리는 집단에서 바보가 되었는가》, 비즈페이퍼, 2016.

8 〈우리는 삼성전자 서비스 직원이 아닙니다〉, 《뉴스타파》, 2016년 7월 16일.

9 한병철, 《피로사회》, 문학과지성사, 2012.

10 안네 메테 키에르, 《거버넌스》, 오름, 2007.

11 한국조세연구원 공공기관연구센터, 〈공공기관 고객만족도조사 공정성 제고〉, 《13년 7월 공공기관정책동향》, 2013.

12 앙드레 콩트 스퐁빌, 《자본주의는 윤리적인가?》, 생각의나무, 2010.

2 지속가능한 갑질의 조건1: 지대추구행위Rent-Seeking Behavior

1 앙투안 드 생텍쥐페리, 《어린 왕자》, 느낌이있는책, 2011, 140쪽.

2 고든 털럭, 《공공재, 재분배, 그리고 지대추구》, 경성대학교출판부, 2008, 115쪽.

3 고든 털럭, 《지대추구》, 경성대학교출판부, 2007, 109쪽.

4 김재수, 《99%를 위한 경제학》, 생각의힘, 2016, 204-205쪽.

5 E. K. 헌트·마크 라우첸하이저, 《E. K. 헌트의 경제사상사》, 시대의창, 2015.

6 사공영호, 〈지대추구의 사회화와 인지·개념화〉, 《규제연구》 2010 (19), 13-14쪽.

7 로버트 H. 프랭크·필립 쿡, 《승자독식사회》, 웅진지식하우스, 2008.

8 신현준·이기웅 엮음, 《서울, 젠트리피케이션을 말하다》, 푸른숲, 2016.

9 양정호, 〈정책목표의 모순적 절충의 인과지도〉, 《한국행정학회 2008년도 하계학술대회 발표논문집》, 577-600쪽.

10 김연진, 〈문화지구의 문제점과 개선 방향〉, 《環境論叢》 2012 (51), 115-129쪽.

11 음성원 기자, 〈58년 개띠의 상가 사냥, 94년 개띠를 몰아내다〉, 《한겨레신문》, 2016년 7월 26일.

12 윤샘이나 기자, 〈[탐사플러스] 공무원·건물주가 '꿈'…청소년들의 현주소〉, 《JTBC 뉴스》, 2016년 2월 29일.

13 사공영호, 〈지대추구행위–실천적·전체론적 접근〉, 《한국정책학회》 2014 (23), 127~161쪽.

14 같은 논문, 146쪽.

3 지속가능한 갑질의 조건2: 외주화Outsourcing

1 김지환 기자, 〈[단독]'비정규직은 아파도 출근' 통계로 입증〉, 《경향신문》, 2016년 7월 5일.

2 프랭크 파트노이, 《속도의 배신》, 추수밭, 2013.

3 김종진, 〈배달앱 아르바이트, 어떻게 볼 것인가?〉, 한국노동사회연구소, 2015.

4 데이비드 와일, 《균열 일터》, 황소자리, 2015.

5 김소연·노현웅 기자, 〈123만원 운임 중 45만원 떼이는 '다단계 하청'에 질식〉, 《한겨레신문》, 2012년 6월 25일.

6 김미영 기자, 〈화물노동자, 노동자야? 자영업자야?〉, 《매일노동뉴스》, 2008

년 7월 20일.

7 이병훈 외, 《사장님도 아니야 노동자도 아니야》, 창비, 2013.

8 한정수 기자, 〈대법, "야쿠르트 아줌마는 근로자 아냐...퇴직금 수령불가"〉, 《머니투데이》, 2016년 8월 24일.

9 양정호, 〈정책 딜레마 해소 도구로서의 특례제도 형성 연구: 특수형태근로 종사자 산재적용 특례제도를 중심으로〉, 《국가정책연구》 30 (2016).

10 이반 일리치, 《그림자 노동》, 사월의책, 2015.

11 여성노동자 글쓰기 모임, 《기록되지 않은 노동》, 삶창, 2016.

12 크레이그 램버트, 《그림자 노동의 역습》, 민음사, 2016.

13 이정희, 《영시간 계약》, 한국노동연구원 , 2015.

4 하청사회의 미래

1 정은주 기자, 〈'죽기 전까지는'…산재를 숨겨라〉, 《한겨레신문》, 2016년 6월 26일.

2 하재근, 〈방송이 만든 주식부자 이희진 사태, 책임은 나몰라라〉, 《데일리안》, 2016년 9월 12일.

3 이대혁 기자, 〈'청담동 주식부자' 이희진, 어떻게 개미를 유혹했나〉, 《한국일보》, 2016년 9월 14일.

4 이반 일리치 외, 《전문가들의 사회》, 사월의책, 2015.

5 데이비드 H. 프리드먼, 《거짓말을 파는 스페셜리스트》, 지식갤러리, 2011.

6 게리 클라인, 《인튜이션》, 한국경제신문, 2012.

7 조나 레러, 《탁월한 결정의 비밀》, 위즈덤하우스, 2009.

8 Michael Eraut, "Non-formal Learning and Tacit Knowledge in Professional Work," *British Journal of Educational Psychology*, 70 (2000).

9 버트런드 러셀, 《게으름에 대한 찬양》, 사회평론, 2005.

10 게르트 기거렌처, 《생각이 직관에 묻다》, 추수밭, 2008.

11 디트리히 되르너, 《선택의 논리학》, 프로네시스, 2007.

12 자크 랑시에르, 《민주주의는 왜 증오의 대상인가》, 인간사랑, 2011.

13 조지프 스티글리츠, 《불평등의 대가》, 열린책들, 2013.